中原独秀

尧山

《中原独秀 尧山》编委会 编

郑州大学出版社

图书在版编目（CIP）数据

中原独秀：尧山 /《中原独秀 尧山》编委会编. — 郑州：郑州大学出版社，2022.12

ISBN 978-7-5645-9275-2

Ⅰ．①中… Ⅱ．①中… Ⅲ．①风景名胜区 - 介绍 - 鲁山县

Ⅳ．①K928.706.14

中国版本图书馆 CIP 数据核字（2022）第 222630 号

中原独秀　尧山
ZHONGYUAN DU XIU YAOSHAN

策划编辑	王卫疆　胥丽光	封面设计	王　微
责任编辑	胥丽光	版式设计	王　微
责任校对	郜　毅	责任监制	李瑞卿

出版发行	郑州大学出版社	地　　址	郑州市大学路 40 号（450052）
出版人	孙保营	网　　址	http://www.zzup.cn
经　销	全国新华书店	发行电话	0371-66966070
印　刷	河南瑞之光印刷股份有限公司		
开　本	710 mm×1 010 mm　1/16	彩　页	17
印　张	18.75	字　数	238 千字
版　次	2022 年 12 月第 1 版	印　次	2022 年 12 月第 1 次印刷

书　号	ISBN 978-7-5645-9275-2	定　价	158.00 元

本书如有印装质量问题,请与本社联系调换。

《中原独秀　尧山》编委会

尧山仙境　摄影 / 张柳松

九峰荟萃　摄影 / 张柳松

霞光普照　摄影／张柳松

云顶揽胜　摄影／刘鲁豫

水墨尧山　摄影／张柳松

峰林秋韵　摄影 / 张柳松

浪击伏牛　摄影／张柳松

柿柿红火　摄影／张柳松

青龙出海 摄影/张柳松

秋山吐玉　摄影 / 郭东伟

雪中揽胜　摄影／刘鲁豫

晨曦载耀　摄影／张柳松

凤凰遐想　摄影／王建民

最美山区公路　摄影／王建中

雨润和合　摄影／史晓天

青龙烟云　摄影／张柳松

无限风光青龙背　摄影／王建民

将军雄风　摄影／张柳松

九曲瀑布　摄影／张新河

千米滑道　摄影／张柳松

枝头戏耍　摄影／刘杰

秀雅杜鹃　摄影／张柳松

春意盎然　摄影／郭潮源

冰雪世界 摄影／何进文

红腹锦鸡 摄影／何进文

冠鱼狗　摄影／张春晓

红翅凤头鹃　摄影／张春晓

红绶带鸟　摄影/张春晓

尧　山 （代序）

王剑冰

◆ 一 ◆

人们历来视牛为祥物，用它负重，用它伴农，用它镇邪。中原大地横卧伏牛一山，可谓卧得雄浑浩阔，蔚为壮观。尧山位于八百里伏牛脊顶，更是拔山盖世，气薄云天。

夏代，刘累在山上祭尧时，阳光也像今天这样绚烂，绚烂的阳光顺着烟霞冉冉上升，也带动整座山升腾。山上的叶片，红花般次第打开。大雁飞过，百兽欢鸣，欢鸣的还有千瀑万珠，汇成滍水翻涌。一时间日月同辉，天地澄明。是的，那就是尧山隆重的命名。

登尧山，如读一部大书，你能读出远海的浑黄，读出浑黄中的裂变与碰撞，读出伏牛的最后一次回响。你看到一个族群站起身来，那个叫尧的人，立于天界，神情凝重，他派羿去射日，派鲧去治水，他让一切变得有条有理。

气象宏大的尧山，是尧最好的象征。

进入尧山，就进入心灵的圣域。尧不知以后，所以退到以后之外；尧山不知喧嚣，所以站在喧嚣之外。尧不存在傲慢与偏见，尧山亦然。都是大彻大悟，超绝于尘，昂然于天。

在尧山的语境中，总是会悟到修为与造化。从高处看，或就是一座奇妙的盆景。尧心内的山水风云，丘壑松涛，全集中于此。盆景里有树，树会变成风，想怎么吹就怎么吹。山石变成浪，扑腾无限远。有些树长在山尖上，拔石而起。石供养着树，树升华着石。一棵树，竟扭成了"寿"字的不老松。

悬崖绝壁是尧山的特产，好容易攀上这道崖，对面还有一道崖悬在那里。

转过来，又一声惊叹，气宇轩昂的柱石如将军列阵。这样一群将军，哪一个出来单挑，都能在伏牛山中称雄。站立最高的，莫不是尧与他的侍从？

十万朵云在天空飞过，一些撞在山上，撞成碎棉乱絮。霞从石缝拉丝出来，将棉絮缠绕。前面又是什么云？一股脑栽下断壁，变作百丈仙瀑。那么多的瀑，即使诗仙李白来，都不知该对哪一处感叹。

溪水聚成大山的深情。黑龙潭、白龙潭、百尺潭，潭潭清明，白云在其间浣纱，青峰在其间塑形。

山势分出无数层，像一弯弯眉影，每一弯的明暗都不同。

秋沿着峭壁逶迤铺展，岩壁一下子全红了。每一片叶子都激情灵动。其间还有柿子、山楂，晃着酸甜的红灯笼。

山口处，风笛劲吹，箫管悠扬。断崖上一座桥，一个人不敢独行。

飞云栈道，落叶如羽。有人把喊叫扔进山谷，又被山谷抛回来。笑声投进去，却被山溪带跑了。

偶尔有雨落下，滴滴笔墨，把叶子的细节描得更清。山道上，女子打开的伞，也像一枚叶片。一枚枚摇动的叶片，摇动着尧山的风情。

尧山的底色是多层次的。大片的高山杜鹃，五月底前开红花，五月之后开紫花，现在叶子在发挥作用。尧山人说，还有洋槐，你四月里来，漫山遍野的白。

翻过那座山，看到苍莽的楚长城，长城同山一起，成为一方水土的屏障。长城下一条蜿蜒小路，可达洛阳。小路周围是茂盛的柞林，一代代的蚕在青葱岁月吐出鲁绸的繁华经典，谁说古老的丝绸之路，不是由此铺展？还有鲁山花瓷，以这山脚的水土烧制，成为倾心迷恋的经典。

小路翻过远处的隘口看不到了。一场雪，等在隘口之外。墨子必是那个时候走来，对应着一片银白，对应出一片泛光的思想。

哪里响起钟声，佛泉寺还是文殊寺？钟声响了数千年，数千年的银杏还在往上长，金黄的音声里，金黄的叶片漫天飘扬。

多少年前，人们在这飘扬中发现了激涌的泉林，一百多公里的温泉带，升高了尧山的幸福指数。

◆ 三 ◆

登上玉皇顶，千山涌怀，万壑赴野。金角碧檐的尧祠，烘托于一片云海中。

不知道尧是否也说着乡音，但墨子一定乡音浓重，他沉郁而好听的声音八方迴荡，迴荡着尧山全部的深阔与奥秘。一座山，已经不是单纯的地理概念，它成为精神的某种指向，从这个指向上，能看到人类的整体世界。

雨停了，云团在四处狂奔，阳光从云间喷射出来，秋山瞬间被喷上一层彩釉。阳光射入河水，射出五色的叶片与群鸟的翅膀。

尧山的庄严与亲切并存，豪放与柔情并蓄。它属于中原，也属于世界。

偷了城里的时间，到这山上游走，如从尘世到仙域，游走出阵阵惊艳与觉醒，释放下种种沉迷与负重。

作者系中国散文学会副会长、河南省作家协会副主席

目 录
CONTENTS

概 述 / 1

第一章 山水胜境 壮美画卷 / 9

第一节 中原独秀 至美尧山 / 11

一、奇石峻峰 岩立千仞 / 12

二、瀑潭交错 秀逸灵动 / 34

三、云海雾凇 奇幻仙境 / 40

四、珍贵名木 奇花异卉 / 46

五、异兽珍禽 奔野鸣空 / 57

六、人文荟萃 史迹遍布 / 62

第二节 名胜遍布 山水画廊 / 66

一、六羊山景区 / 66

二、诗景龙潭峡景区 / 70

三、想马河景区 / 72

四、文殊寺景区 / 76

五、天龙池景区 / 78

六、神牛峡景区 / 80

七、昭平湖景区 / 84

八、楚长城 / 88

九、周边主要景区景点 / 89

第二章 古风濡染 人文尧山 / 99

第一节 尧山文化 内涵丰厚 / 101

一、山水溯古 史册留名 / 101

二、蚩尤族裔 垦植潕水 / 103

三、帝尧古祠 就日瞻云 / 104

四、雅称别号 绘景传神 / 105

五、神秘岩画 远古图腾 / 107

第二节 唐尧文化 根出炎黄 / 109

一、先圣祖居 帝尧驻跸 / 109

二、古圣帝尧 功业卓著 / 110

三、贤君圣德 和合万邦 / 112

第三节 天降墨翟 百工圣祖 / 114

一、鲁阳布衣 平民圣人 / 114

二、文化巨擘 思想大家 / 116

三、华夏载誉 厥功至伟 / 118

四、墨子所系 根在西鲁 / 119

五、遗址遗迹 遍及山野 / 120

六、溪山有藏 精研苦读 / 124

七、民间习俗　代代承传 / 125

八、止鲁攻郑　情系桑梓 / 126

九、方言焕彩　文辞雅俗 / 128

第四节　姓氏起源　寻根鲁山 / 130

一、刘姓之源　始于刘累 / 130

二、史书多记　方志有载 / 131

三、刘累迁鲁　事出有因 / 132

四、诸多姓氏　根在鲁山 / 135

第五节　匠祖鲁班　鲁之巧人 / 138

一、鲁班墨子　君子之交 / 138

二、诸多器具　鲁班发明 / 140

三、匠祖科圣　班墨比巧 / 142

四、圣迹留痕　惠泽后人 / 145

第六节　血脉赓续　精神传承 / 148

一、红军过处　青山留踪 / 148

二、抗日故事　星月增辉 / 150

三、豫西首府　革命圣地 / 152

四、伊鲁嵩县　烽火硝烟 / 154

第七节　灵泉神汤　华夏瑰宝 / 156

一、五大温泉　珠含玉润 / 156

二、神汤玉液　可疗万疾 / 158

三、汤韵清扬　文史承传 / 160

第八节　丝绸陆路　始于鲁山 / 163

一、鲁山柞丝　光耀华夏 / 163

二、精美衣料 天然华泽 / 166

三、柞树成林 宜于养蚕 / 166

❖ **第三章 天泽神韵 传奇尧山** / 169

第一节 先贤高风 名人遗韵 / 171

一、尧帝多情 缔结仙缘 / 171

二、尧山脚下 圣人故里 / 172

三、墨子晚年 隐迹山林 / 173

四、巨人离世 天降陨石 / 174

五、泥水浸衣 染布术出 / 174

六、师法自然 精益求精 / 176

七、讲仁守义 亮节高风 / 177

八、龙潭河畔 金壶玉碗 / 179

九、累祖墓前 刘秀招兵 / 179

第二节 神峰天降 青山有藏 / 181

一、伏牛大战 众神化峰 / 181

二、白龙飞天 坠落瀑潭 / 182

三、城囚白牛 洞藏神话 / 182

四、神鸡报晓 唱日山巅 / 183

五、王母弃轿 遗落尧山 / 183

六、巨石屹立 状如剑戟 / 184

七、二郎杨戬 压日成泉 / 184

第三节 趣闻轶事 扬名四方 / 186

一、天书廊处 刘秀得书 / 186

二、挂鼓崖上 千年绝响 / 187

三、文殊圣母　普度众生 / 188

四、献礼祝寿　佛泉沐身 / 189

五、煮泉为饮　苍岩做伴 / 190

六、剪纸仙手　奇人怪才 / 194

◈ **第四章　山珍地产　丰饶尧山** / 201

第一节　山珍野菜　奇果名药 / 203

一、山珍野果　宴中佳品 / 203

二、杏林仙草　橘井灵药 / 212

三、尧山特产　饮誉华夏 / 219

第二节　工艺极品　五彩纷呈 / 223

一、鲁山花瓷　灵气绽放 / 223

二、石骨奇韵　天机内蕴 / 225

三、刻雕剪琢　雅饰巧缀 / 230

◈ **第五章　养生宜居　怡情尧山** / 233

第一节　吃喝游乐　完美旅程 / 235

一、山野珍馔　唇齿生香 / 235

二、山野栖居　隐逸养心 / 249

三、长寿之乡　延年之境 / 255

第二节　多彩游艺　欢乐无限 / 259

一、玩水嬉雪　恣意狂欢 / 259

二、户外游乐　潮玩酷玩 / 263

第三节　精品线路　各显其美 / 268

一、四季游赏　美不胜收 / 268

二、寻根拜祖　饮水思源 / 274

三、红色印迹　光辉记忆 / 275

四、走进尧山　步入画卷 / 278

第四节　通道畅达　行游便捷 / 281

一、立体交通　密织成网 / 281

二、自驾旅游　省力省心 / 284

◇**后　记** / 286

概　述

　　大秦岭连绵逶迤1600多公里，到河南，衍生出中国第三大河——淮河——一路东流归大海，将中华季候版图划分南北。八百里伏牛山是它的东端，海拔2153.1米的尧山，又在伏牛山东段，是即将收势止步的秦岭轰然荡起的一座高峰。自从5000多年前与人类素面相逢，尧山这部人文大书，为我们留下了意蕴深厚、品读不尽的辉煌册页。

　　尧山风景名胜区，位于河南省平顶山市鲁山县西部，总面积294.1平方公里，涉及鲁山县西部尧山镇、赵村镇、下汤镇、库区乡、四棵树乡5个乡镇。尧山因尧帝裔孙刘累为祭祖立尧祠而得名，又因景区内有山峰酷似人形，也称石人山。尧山集山水灵秀、人文精华于一体，为国家级风景名胜区、国家级温泉旅游度假区、国家地质公园、国家生态旅游示范区。风景名胜区内有旅游资源单体2126个，占河南省旅游资源单体数量的5.36%，占平顶山市的50.6%。区域内有国家AAAAA级旅游景区尧山，国家水利风景区昭平湖，国家 AAAA 级旅游景区尧山大峡谷漂流，AAA 级旅游景区诗景龙潭峡，此外还有风景秀丽的六羊山、想马河、天龙池、文殊寺、神牛大峡谷等景区景点。

尧山风景名胜区兼具"雄、险、秀、奇、幽"等山水灵性，既有北国山岳的雄伟峻拔，又有南方山水的钟灵毓秀，奇峰怪石、飞瀑云海、温泉溪潭、原始森林以及众多人文景观构成了完整的风景体系，四时不同，风景各异，变幻莫测，蔚为壮观。

尧山风景名胜区处于豫西山地向黄淮平原的过渡地带，又处在秦岭—淮河南北气候的分界线上，亚热带与暖温带气候在此交汇，雨量适中，气候温和，物产丰富，宜居宜游。这里是长江、淮河、黄河的分水岭，还是平顶山市、洛阳市、南阳市三市的分界岭，一山分三水、一地跨三界。尧山南坡的水入白河、汉水，汇入长江；西坡之水北折入伊河，汇入黄河；沙河源头位于尧山东坡，沙河又名潕水，在河南周口境内与颍河交汇后汇入淮河。尧山主峰旁立有三界桩。登临此处，可南眺宛襄荆楚之地，北浸伊洛帝都之气，东瞻浩浩荡荡、横无际涯的黄淮大平原，极目天远地渺，胸怀为之一阔。

尧山林木覆盖率达 95%，植物种类繁多，自下而上，阔叶林、混交林、针叶林垂直分步，郁郁葱葱，古藤灌木相互交织，丛生茂长。据初步调查，仅种子植物就有 1211 种，加上根生植物、蕨类植物等总计 4000 种以上。其中国家级保护植物有水杉、银杏、连香、华榛、杜仲、秦岭冷杉、垂直冷杉、青檀、领春木、金钱槭等 13 种，省级保护植物有铁杉、青线柳、楸皮杨、大叶三七等19种，河南特有植物有河南杜鹃、河南海棠、河南翠雀、河南芫花等12种。景区内有大片原始森林和稀世古杜鹃林，千年古杜鹃树15万棵以上，4月下旬至6月上旬，由浅山到高山，不同品种的杜鹃花次第开放，把整个景区装扮得灿若锦绣。尤其是生长在海拔1700米以上的高山秀雅杜鹃，树龄多在千年以上，四季常青，花朵紫色，清新典雅，冷艳脱俗，是尧山的花中珍品。原始森林中，天然形成有树抱石、石抱树、寄生树等奇观。尧山的中药材资源也十分丰富，已查明的有人参、天麻、石斛、麝香、杜仲等500多种，黑木耳、核桃、板栗、蘑菇、猴头、鹿茸、猕猴桃等山珍更是品质上乘。随着四季更替，季换景异。春天，百花争艳，绿映溪吟，鸟语花香，生机盎然；夏季，浓荫覆盖，溪声送爽，清凉世界，爽心怡人；秋日，万山红遍，层林尽染，硕果累累，挂满枝头；冬天，千岩万壑，银装素裹，玉树琼枝，晶莹剔透。

复杂的地形地貌，丰富的植物资源，为众多珍禽异兽提供了良好的生息环境。据初步调查，尧山风景名胜区内有陆栖脊椎动物125种以上，还有大量的水生动物及非脊椎动物。其中，国家级保护动物有金钱豹、艾叶豹、麝、鸳鸯、大鲵、金雕、中华斑羚、红腹锦鸡、豪猪、红脚隼、大灵猫等，省级保护动物有狐、貉、青鼬、豹猫、飞鼠、水獭、啄木鸟、画眉、双斑锦蛇等，还有珍奇的蝶类和一些濒危珍稀动物。丰富的动植物资源使尧山风景名胜区具有很高的科研价值。景区内有著名的泉水湾观鸟基地，是中国鸟网挂牌的全国性观鸟基地，已成为国内外鸟类摄影爱好者的摄影乐园。

　　风景名胜区范围广，地形复杂，小气候特点十分明显。核心区域年平均气温9.4℃，最热月份平均温度20.3℃，最冷月份平均气温-3.3℃，年降水量1100～1200毫米。尧山气候湿润，加上地形原因，每年雾日较多，山峰在雾海中时隐时现，使人如置身仙境梦幻之中。尤其是夏季，山雨来去无常，正当晴空万里，顷刻乌云压顶，大雨滂沱，水烟四起，山色空蒙；继而雨过天晴，碧空如洗，云海缥缈，秀峰含翠。夏季最高气温23～26℃，清爽宜人。尧山降雪时间较早，春雪残留期也较长，形成了迷人的雪景。尧山常年多雾，云海、霞光、雨凇、雾凇、雪凇、彩虹、佛光等气象景观屡见不鲜，美不胜收。

　　尧山风景名胜区内有沙河、想马河、清水河、通天河等20多条河流，穿流在各个山峰峡谷，溪流分分合合、时隐时现、飞崖跳涧，造就了众多壮观的瀑布。20米以上瀑布近50处，60～100米的瀑布20多处，100米以上瀑布10多处。水绕山行，岩壑幽深，条条溪水，跌跌宕宕，时而如不羁野马，奔腾咆哮；时而如多情少女，浅吟低唱。两岸青山如翠，绿荫覆盖，溪水明净如鉴，映照芳林秀峰。尧山的水水质优良，清澈透碧，甘甜爽口，瀑布色如白玉，溪流水清见底，它们不仅幻化为万千妩媚多姿的水景，更雕刻出大山的钟灵毓秀。

　　在尧山脚下，沿沙河一线，有著名的上汤、中汤、下汤、温汤、碱场百里温泉带，泉水中含有锂、溴、氟、镭、氡、碘等20多种微量元素，平均水温63℃，具有很高的养生价值，是目前世界上少有的优质地热资源，开发潜力巨大。北魏地理学家郦道元在《水经注》中记载："鲁阳温泉，可疗万疾。"

依托得天独厚的自然资源，尧山风景名胜区的旅游业呈现全业态、链条化、智慧化发展之势。登山看景、田园观光、温泉疗养、漂流滑雪、农耕体验、科研探险，更有步步惊心的玻璃栈道、时空隧道、水滑草滑等几十种体验项目。无论是好友相约还是举家旅游，尧山风景名胜区都能让人流连忘返，不虚此行。

尧山风景名胜区自然风光与灿烂文化珠联璧合，这块神奇的土地，闪耀着唐尧仁德的光辉，散发着墨翟兼爱的馨香，保留着伏牛之战的印记，留下了许多历史名人足迹。历代文人墨客对尧山多有赞颂：北魏地理学家郦道元，唐代诗人宋之问，北宋诗人梅尧臣、晁冲之，金代文学家元好问等，均有诗文留存。

梅尧臣描绘："适与野情惬，千山高复低。好峰随处改，幽径独行迷。霜落熊升树，林空鹿饮溪。人家在何许？云外一声鸡。"

宋之问吟唱："孤出群峰首，熊熊元气间。太和亦崔嵬，石扇横闪倏。细岑互攒倚，浮巘竞奔蹙。白云遥入怀，青霭近可掬。"

新华社原社长穆青两次登临尧山，被山色所醉，欣然挥毫："中原独秀"！

河南省诗歌学会原会长王怀让游览尧山后，作《千人吟咏石人山》，千行诗句，句句有"人"字。

情思悠悠，雅韵绵绵。走近尧山，荡胸生层云，山水有大美。

山因故事而灵动，故事因山而流传。

无数的传说故事，使尧山熠熠生辉。

这脉山水，原为水泊，尧山顶峰，曾发现有鱼化石出露。

地壳运动，水底隆起，奇峰方耸立，山川遂秀出。

这里如同神话世界：猴子拜观音、雄鸡报晓、王母督战、蟾蜍救白牛、石人拜老君……皆远古传奇。

这里，古迹众多。作为中国最早的农耕之地，蚩尤在此农牧渔猎，帝尧驻跸歇息，刘累立祠祭祖，楚国修筑长城。

楚长城为世界最早的长城。今尧山没大岭、四棵树分水岭上，遗址仍在。

尧山，地处中原腹地，周代即属古都洛阳京畿近地。历代为群雄逐鹿之战略要地。三皇五帝时，尧山即为我国史前华夏民族重要活动区域。昭平湖内，"筑土为龙"的巨型腾龙地画；邱公城里，新石器时代遗址，无不镌刻着五千年的尧山文明印记。

尧山，展无数幅远古画卷。尧山脚下之鲁山县，是仓颉、刘累、墨子、元结、牛皋、徐玉诺、任应岐等先贤故里。

仓颉乃文字始祖。面对尧山，仓颉察鹿迹羊踪，观鸟虫鱼态，始作书契，以代绳结，发明文字，启开心智。

刘累乃刘姓之祖。他避居尧山，立祠祭祖，终致瓜瓞绵绵，子孙昌盛。

墨子乃平民圣人。这位思想家生在尧山脚下，他摩顶放踵，周游列国，宣传仁爱，兴利除弊。

元结文韬武略，牛皋忠勇抗金，徐玉诺星耀华夏，任应岐慷慨报国。

这里，地处交通要道，地貌奇特，风光旖旎。南控宛襄，连接楚蜀；北扼伊洛，通达秦晋。

这片热土，拥有多张国家级名片："中国墨子文化之乡""中国牛郎织女文化之乡""中华名窑花瓷之乡""中国长寿之乡""中国温泉之乡""中国天然氧吧"。

生态文化，全域旅游，社会各业，蒸蒸日上。

尧山，充满了无限的神奇，无尽的神秘。青山绿水间，见仁见智，乐山乐水，吸引着八方游客走入这片奇山秀水！

第一章

山水胜境　壮美画卷

临圣地，先贤史迹留遗韵；
登尧山，四时美景皆天然。
踞伏牛，佼佼尧山披锦绣；
承甘霖，飞瀑流泉景万千。
蕴蚩尤农牧，含唐尧渊薮。
尧山，一部卷帙浩繁的典籍，
一幅多姿多彩的画卷。

第一节　中原独秀　至美尧山

叹不尽玄机文化，赋不尽名山大川。

拔地千寻傲碧空，直插霄汉写峥嵘。

景点星罗棋布，景观名冠华夏。

水帘雨幕，瀑飞潭错；

天接云涛，四季斑斓；

峰险石奇，美如仙境。

尧山景区，是尧山风景名胜区的核心区域，面积68平方公里，主峰玉皇顶海拔2153.1米。

尧山山峰奇特，瀑布众多，森林茂密，温泉优良，是旅游观光、休闲度假、避暑疗养、科研探险的好地方。

尧山有72座山峰，36处名胜。奇峰林立，怪石纷呈，山峰或壮美飘逸，或洒脱舒展。石骨木筋，千姿百态，诸多象形石神韵逼真，妙趣横生。

清溪碧潭，飞瀑流泉，终年不竭，水石之声，奏鸣亿万年。尧山有大小瀑布30多处，通天梯旁的九曲瀑，崖壁高挂，瀑水盘绕，如龙跃九霄。红枫谷内银线瀑，一束银线，连天接地，堪称奇景。双龙瀑、珍珠瀑、龙潭瀑，瀑瀑如练。

烟岚起，树涛涌，飘逸曼妙。云海动，秀峰显，如梦如幻。

走进景区，千年古木披蕨苔，松鼠穿树，猴子跨涧，四季风光，异彩纷呈。

山下仰望，凤凰展翅欲飞，金龟向月攀登，奇松郁郁葱葱，群仙窃窃私语。

登高俯瞰，大将军英姿飒爽，四支蜡青焰欲燃，金鸡峰引吭高歌。

壑涧穿行，刘累石巍巍矗立，尧神峰面容慈祥，青龙背壁立千仞。

尊奉先祖，兼爱非攻，尽显文化之美。刘邦屯兵，刘秀招兵，英雄豪杰往还。红军长征留佳话，抗日将士曾宿营，解放战争举烽火，三线建厂有盛名，历史烟云散，遗韵传今朝，山山水水，风骚独领。

一、奇石峻峰 岩立千仞

峰因石而峻，石因奇而美。

尧山群峰，海拔 700 米以上的 484 座、1000 米以上的 160 座、1500 米以上的 76 座、2000 米以上的 30 座，主峰玉皇顶海拔 2153.1 米，是平顶山市的至高点。

群峰连绵气势雄，刀劈斧削鬼神工。尧山山体由花岗岩构成。燕山期，地壳上升，尧山被拱抬而起，出露地表。千万亿年，山体脊线剧烈变化，致岩立千仞，绝壁丛生，峰峦交错，沟深壑幽。

尧山的奇峰生动有趣，异姿纷呈，个个惟妙惟肖，栩栩如生，神韵逼真，呼之欲动。而冠领景区大名的"石人"，更是横空出世，俯瞰万象，令人感叹大自然的鬼斧神工、瑰玮神奇。

尧山的怪石形态微妙，似禽似兽：石象、石猴、金龟石、巨蛙石、老鹰石、凤凰石，还有娇憨的熊猫石；似花似物，神韵逼真：玉印峰、莲花峰、聚将钟、王母轿、四支蜡；似人像神，栩栩如生：将军石、刘累石、睡美人、李白醉酒、包公奏本、送子观音、姑嫂石。

白牛城绝壁合围，如深墙高垒的城堡；青龙背逶迤起伏，若屹立不倒的长城；摩天岭刀削斧劈，千丈崖大气磅礴，凤凰台俊美飘逸，老君峰昂首挺立，姐妹峰洒脱舒展，和合峰雄浑苍郁。还有罗汉壁、剑戟峰、竞秀峰，峰峰高低错落，疏密别致；峦峦互为依存，相得益彰。

▷ 青龙背

尧山的标志性景点，被誉为"尧山之魂"。海拔在 1664 ～ 1775 米，长 400 多米，最宽处 3 米，最窄处不足 0.5 米，是一条蜿蜒曲折的"空中走廊"。青龙背从尧山主峰延伸而下，高低起伏，逶迤蜿蜒，尤其奇特的是入口处一座山峰斜插天宇，如高昂的龙头。山脊上遍布青翠欲滴的古松，其中有著名的迎客松、青龙探爪、华盖松、福禄寿三松等国宝级松树。青壑风起处，松枝荡白云，凛凛如闻虎啸龙吟。青龙背，因尧山历史上有大龙山的记载，且其脊线起伏，如卧龙之姿，云雾缭绕时，欲腾欲飞，犹如一条潜游大海的苍龙，因之得名青龙背、青龙腾云。

青龙背栈道修建在山脊之上，入口处有"无限风光青龙背"摩崖石刻。岭脊一条险路，远处望去，栈道游走空中，两侧深壑万丈，倚栏俯视，山色若幻境，给人以"岭脊悬栈道，举步惊魂魄"的感受。

伫立青龙背，四面群山皆入画，八方雾岚飘脚底。和合峰、巨蛙峰、二将军、群峰荟萃、将军帽、狮子峰等近在眼前，石人峰、老君峰、凤凰台、金龟望月、三将军、姐妹峰等仿佛触手可及。

　　1997 年 10 月，著名作家李準游览青龙背后，挥毫写下"飞龙在天"四个隶书大字赠予尧山景区。"飞龙在天"四个字，一语双关，既是对青龙背的精确评价，也是对尧山景区发展的殷殷期许！

　　走下青龙背，要通过位于白牛城西城墙上的栈道。栈道修建于 1995 年，当时，鲁山县机械厂的工人们，将自己从山顶吊下，把一根根粗大的螺纹钢楔嵌入绝壁，焊接成"之"字形的悬梯。悬梯从绝壁顶端垂入谷底，北起三松台，南到西城门，全长 416 米，台阶 175 级。此处岩壁笔直，光滑如砥。倚栏俯视，脚下幽谷深壑，深不见底，是尧山最险要的景观之一，人称"天阶栈道"。

◈ 石人峰

山是人，石是人，满山石人迎游人。正因为尧山有许多这样的象形石，或身姿如人，或面孔如人，尧山又称"石人山"。清嘉庆《鲁山县志》："石人垛，西南百七十里，大山壁立，苍松郁茂。"

站在西观景台西望，自北向南为老君峰、石人峰和仙人峰，是尧山最为著名的石人三峰群像。老君峰相对高度为150多米，面南肃立；石人峰相对高度为70多米，傲视苍穹；仙人峰系一组较低的石峰，组合为峨冠博带的长者，三者间距均为60米左右，构成了石人三峰的珍奇景观。

将军峰

众多将军峰中，以大将军峰最为驰名。大将军峰位于红枫谷内，海拔 1720 米，相对峰高约 330 米，中部以上为圆柱体，壁面光滑，峰顶有古松。远远看去，像一位头戴金盔，身披金甲，昂首挺胸，威风凛凛的将军，特别是上部的鼻子、眼睛、嘴巴清晰可辨，栩栩如生。

大将军，是伏牛山神话传说中的天兵天将之一。相传，当年伏牛大战，玉帝派遣天神下凡捉拿白牛，大将军为先锋官。激战中金鸡突然报晓，惊得前来督战的王母娘娘弃轿腾云而去，所有天兵天将化作尧山七十二座山峰，白牛化作八百里伏牛山。有诗云："一管立天地，巍峨气自雄。霜寒砺筋骨，岁永识穷通。雾霭毫端墨，文章世外风。更将千古意，挥洒到苍穹。"

与大将军峰一样雄伟挺拔的还有二将军峰和三将军峰。二将军峰在大将军峰西侧山腰，身姿挺拔，高耸入云。三将军峰位于漆树坪西，鲁山县与嵩县分水岭东侧，一峰耸立，峰顶的苍松翠柏像是将军头上的发髻，松柏下的面孔清晰可见。

▷ 姐妹峰

西观景台下，两座秀峰相偎相依，如两姐妹携手并肩，争相媲美。传说，这是王母娘娘的两位千金，她们钦敬白牛的勤劳善良，不满玉帝对白牛的穷追恶杀，故混入战场，劝说天兵天将对白牛手下留情。金鸡报晓时，化为石峰，留驻人间。

▷ 和合峰

和合峰位于三松台东侧，一高一矮两座山峰，紧紧依偎，似情侣、似夫妻、似兄弟、似挚友，上粗下细，巍然挺立，堪称奇景，是尧山景区的标志性景点之一。传说，和合峰为和、合二仙的化身。有诗为证："未待仙缘了，名山驻此身。松云仰高士，境界远红尘。和合原无间，嶙峋各有皴。千年相守处，不改是情真。"

　　山水，历来是寄托情怀的地方，出生在尧山脚下的春秋战国时期思想家墨子，主张"兼爱、非攻、尚贤、尚同"，想必也是这一方山水给予了他精神的陶冶和思想的滋养吧！"和合"，是中华民族传统文化的基本精神元素，对中国人世界观、人生观、价值观的形成有着潜移默化的影响。天人合一、协和万邦、和而不同、琴瑟和鸣等观念，在方方面面影响着每一个中国人。因此，和合峰也成为恋人、朋友、团队拍照留念，祈求幸福和睦、团结一心的打卡胜地。

◈ 凤凰台

　　凤凰台是尧山风景区的象形山石景观，位于西观景台北侧50米处，四面均为绝壁，人不可攀。其顶部较小，宛如凤鸟灵秀的头部，中部呈弧形微向西倾斜，构成凤凰腹部向前悬浮的轮廓，东南侧斜面上，鼓起的岩体斑驳嶙峋，奇松异花，点缀其间，宛如凤凰的锦羽。整个石峰矗立于幽谷之中，在云雾的烘托下，如一振翅欲飞的凤凰，故名凤凰台。

◈ 玉皇顶（蛤蟆石）

　　玉皇绝顶越九霄，千峰簇拥万山朝。玉皇顶是尧山主峰，海拔2153.1米，也是伏牛山东段最高峰、河南省三大高峰之一。传说伏牛大战中，玉皇大帝曾下临此峰观战，故称玉皇顶。

唐代以前，这里建有古庙，称玉皇庙，其下河流称玉皇庙沟河。山顶上，有一块巨大怪石，形态酷似蛤蟆，称蛤蟆石，是尧山的至高点。有诗云："千岩万壑入云深，奇峰秀出古森林。褰衣登上玉皇顶，饱看云海舞松针。"

山顶上卧伏的蛤蟆，传说为月宫的天蟾。它曾和白牛结拜，伏牛大战中因救助白牛，惹怒玉帝，玉帝命其渡仙人桥到主峰受罚。玉帝原以为天蟾在渡仙人桥时，必将坠入深渊，葬身谷底。岂知天蟾临危不惧，大义凛然，奋力渡过仙人桥，跃上了主峰。玉帝心想，天蟾大难不死，必有佛功相助，就改变初衷，委托它永驻山巅，镇守此山。

站在主峰上，望尧山腹地，峰岭逶迤，烟波浩渺。脚下雾海漫漫，云山重重。沙河像白练蜿蜒东去，昭平湖似一面明镜，阳光照耀，波光粼粼。松涛林海连绵千里，和云天相接，如同铺入天际的绿毯。伏牛山余脉，莽莽苍苍，蜿蜒起伏，万水千山如一幅壮美的画卷。

▷ 白牛城

站立玉皇顶北望，群山万壑峥嵘。其中有一处地方，四周高山环抱，中间谷底平坦，犹如一座天然城堡，被称为白牛城。清《汝州志》载："大盂山（盂为周边陡立，中空底平的器皿）在鲁山县西百五十里，山顶低洼，四周若城，故称。"

白牛城，是神话故事里囚禁白牛的城池。诗云："鬼斧神工劈深壑，奇峰怪石筑城郭。"白牛城方圆 3.8 平方公里左右，周围群山海拔在 1500～1800 米，东西南北各有四座城门，各门均有孤峰峙立，如守城的将军。白牛城内，可看到和合峰、白牛洞（如今为泽恩寺所在地）、象鼻峰、巨蛙峰等景观。

南城墙，位于聚景台东，登台东望，有一山岭东延，此即南城墙，有垭口为南城门。门下绝壁万丈，烟云聚散，如临仙境。垭口旁有山峰孤立，称南城将军。

西城墙，即青龙背。壁直如削，山脊狭窄，起伏蜿蜒，上面古松密布，郁郁葱葱，如剑戟冲天，旗幡荡荡。过聚景台北行，正当"山重水复疑无路"之时，一道狭窄的天然石门出现眼前，此为西城门。西城门旁边的西城垛高高耸立，人称"西城将军"。

北城墙，即象鼻峰山体，从西城墙的三松台经天阶栈道到白牛城内可以看到。象鼻峰绝壁之下，有一条狭窄石缝，游人必须侧身贴壁方可通行，这就是北城门。从北城门石缝中挤身而出至城门外，被一巨型石龟拦住去路。巨龟爬卧路边，长颈前伸，游人要想经过，必须从龟颈下躬身绕行，此即金龟把门。金龟把门的奇境，令人叫绝。从白牛城口南望，可见一山峰耸立，即为"北城将军"。

东城墙，由巨蛙峰与相连的山峰组成。白牛城内，一道宽阔的峡谷向东延伸，在王母轿对面形成雄伟壮观的东城门，门两侧有将军峰把守。东城门岩峰上有奇石如小鸟窃窃私语，称为"双鸟竞姿"，又叫"比翼鸟"，是青年男女山盟海誓、永结同心的地方。

◈ 刘累石

尧山景区山门向西 600 米玉皇河左侧，有一巨石酷似人像，发髻向后梳理，直鼻阔口，相传是刘累在此祭拜先祖尧帝时所化。

◈ 太白醉酒石

伴仙居西侧，河谷南岸，有一巨石座立崖上，如一头戴学士帽、身穿长袍的人在抱瓮痛饮。此为太白醉酒石。相传，李太白怀才不遇，曾游览天下名胜，结交酒友诗侣。为了追寻好友丹丘，他从洛阳出发，经鲁阳公"挥戈返日"处，来到尧山，不见好友，却看到了仙境。一时陶醉其中，抱瓮痛饮，直至酩酊大醉。

此石视角不同，形象迥异。往伴仙居方向前行几步，此巨石又像一位虎背熊腰、豹头环眼的人背着一位老太太的形象，当地人称"李逵背母"；再往前走几步，此巨石呈现一个女人怀抱婴儿的形象，称"沙河母亲"；再往前走，此石又如一头仰天长啸的孤狼，称为"天狼啸月"。

◇ 包公奏本

从白牛城北城门出去，可见对面山峰上有一巨石，人面向西侧，黑色面孔，五官清晰，面前有一片石竖立如古代官员上朝时的笏板，被人们形象地称为"包公奏本"。

◇ 金龟望月

西观景台西北，有一紧贴石壁做爬山状的石龟。它依着山势，步履艰难地向上爬行。专心致志、目不斜视的神情，似乎是担心在天亮之前爬不上主峰，看不到月亮。

◈ 王母轿

从太白醉酒石一路西行两百米，有一平台，站立此处向东北山上望，岩石危耸的悬崖上，几块山岩巧妙组合，构成了一顶轿的造型。轿门敞开，不远处有一巨石，如轿帘远抛。沿小路，盘旋可入轿中。人坐轿内，飘飘如仙，欲飞天都。相传，这是王母娘娘的座乘。伏牛大战中，王母娘娘乘轿督战，酣战之际，雄鸡一唱天将拂晓，惊得她匆忙弃轿返回天宫，座乘遗落此处，化为山石。

◈ 象鼻峰

位于北城门内东侧，有山峰形似大象，两道石坎凸露，如大象的双眼，似睁非睁。峰顶巨石斜卧，酷似大象奋拉着的耳朵。峰西贴壁垂下一条圆柱，酷似巨大的象鼻。这头大象，情憨意真，一副出入山林、悠然自得的样子，让人过目不忘。

◈ 巨蛙峰

象鼻峰南，有一峰若巨蛙蹲卧。尖削的山峰顶着一块大岩石，石隙微张，有青松生于石隙中，就像蛤蟆嘴里衔着一棵天上掉下来的树枝，枝头还挂着一枚仙果。打量这笨拙的巨蛙，脊背黝黑，腹肚洁白，鼓劲登天的姿态，令人忍俊不禁。相传，巨蛙曾衔仙草搭救白牛，因雄鸡报晓定格尧山。

◈ 双蛙峰

位于杜鹃台附近，有两块巨石酷似翘首凝神、紧紧相依的两只蟾蜍，称为"双蛙峰"。其中一只口衔仙草，另一只身背仙草，据说仙草全身是宝，能延年益寿，因此又称"金蟾送宝"。

❯ 猴子拜观音

　　南观景台东面，有一石猴跃上几十米高的峰巅，对着远处的观音叩拜。头戴方巾的观音，与石猴隔着一座大山，雾海荡漾时，观音时隐时现，如立于海上仙岛，石猴向她遥拜，成就了这处神奇的景观。

❯ 晃荡石

　　在明山沟内莲花峰以上有一奇石，底尖顶大，立在山脊上。用手晃动，就像不倒翁，左右摇摆，因而得名。地质学上，这是比较少见的风动石奇观。

❯ 巨石阵

　　跑马场、老虎窿，是典型的石蛋地貌。花岗岩枕状节理分割后，棱角风化逐渐钝圆化，形成球状岩块，一块块石蛋被水流冲刷堆积在山谷，如同叠罗汉。

跑马场　位于通天门西侧，是近千平方米的巨石阵，层层叠叠，历尽风雨沧桑。如十万旌旗，百万大军，浩浩荡荡杀奔而来。特别是下雨时，雨水打在堆摞中空的石头上，声如马蹄嘚嘚。雨滴溅起，如尘土飞扬，令人震撼！因其势如奔马，故称跑马场，又称"四十五里跑马场"。诗人张玉祥有诗词云："通天门中万马奔，尘埃已定断嘶音。孰个指挥战沙场，几将军。环顾周山山翠绿，踏阶上桥看溪吟。雨雾来时激战起，更惊魂。"

老虎窿　老君峰下有大面积的巨石阵，堆垒铺叠，形成许多石洞，大小不一，或连或堵。据说这里经常有虎豹出没，疑为其住所。

▷ 卧虎山

山门东，一山顶部状如虎首，圆形大额，面目凶悍，凛凛雄风，眈眈虎目，如看守尧山的卧山猛虎。与青龙背遥相呼应，形成龙盘虎踞之势。

▷ 鹰嘴岩

尧亭西南一座石峰，矫于云罅，孤露悬空，形似鹰嘴。据传，这是天宫神鹰的长喙。伏牛大战中，神鹰同情白牛，当玉帝下令击钟捉拿白牛时，神鹰就用利喙啄断了钟绳。

东海龟

鹰嘴岩西侧山谷，一怪石伏卧溪边，形似一只巨龟，跋躞抓石，似要奋力往前游。传说，东海龙王奉玉帝谕旨，调遣水族参战伏牛，四大海龟一帅三将率族出征。因身体笨拙，行动迟缓，化为巨石定格山中。这个海龟是水兵的元帅，它和其他三个海龟，东南西北散布在四方山中，为便于区别，此称东海龟。

千丈岩

山门向西行 400 米，有一面巨大的石壁，山体刀削斧劈般平滑如镜，犹如一座天然屏风，上面青萝攀附，紫藤悬挂。传说，这是玉帝为堵截白牛设置的路障。西汉末年，刘秀被王莽追赶时，天黑迷路，此岩突发亮光，因此又称明石墙。

聚将钟

从迎凤树北望，有一山峰高约百米，通身灰褐色，幽幽闪光，酷似一座大钟扣在山溪岸边。观其形，寻遍世上所有庙宇寺观，难得如此之大钟。传说，它来自上天，原为玉帝聚将所用，故称聚将钟。伏牛大战中，被神鹰啄断钟绳，飞落于此。

四支蜡

传说，王母娘娘督战伏牛大战时，夜幕厚重，黑暗中飞来4

支蜡烛，烛光照亮了八百里伏牛战场。尧山共有东南西北蜡烛形岩针 4 个，分别位于通天门附近、南观景台、北观景台、西观景台附近。常规游线路会经过东一支蜡、北一支蜡。

东一支蜡位于黑龙潭对面半山腰，有一身高十数丈的岩针。岩针下部方棱有角，宛似瓷制蜡台，其上单薄孤耸、瘦骨嶙峋，如插上的蜡烛。

北一支蜡位于北观景台一线。由北观景台西行，道路忽然不见，原来藏入一个天然石洞之中。从洞中钻出一高数十米的石柱，这就是北一支蜡。

▷ 八戒峰

聚景台南行，穿过一个狭穿的石巷，便走出白牛城南门。出门数十步，回首北望，见一峰形似《西游记》中的猪八戒，长嘴前噘，大肚敞开，滚瓜溜圆的腹部闪着棕色的光泽。绿丛长在面部凹陷处，如眼睛之上长出浓密的双眉。全身岩石褶皱，如披着缀珠的袈裟。

▷ 报晓峰

南观景台旁边，有一高约 70 米的石柱，托起一片岩石昂立其巅，形似雄鸡头上的高冠。因此，此峰称作报晓峰，此石称为鸡冠石。据传，天庭中原有一只神鸡，每日晨昏引颈高歌，声音洪亮而且准时。玉帝闻知后，收它做司辰官，专为天界各路神仙通报时辰。伏牛大战中，神鸡为帮助白牛，提前报晓。天兵天将鏖战正酣，来不及脱逃，一个个被定格山中，化成了将军峰。神鸡也化为山峰，屹立峰巅，笑傲天宫。

南天门

在报晓峰东南一座拔地而起的山岭上，高耸着两座相对的峭峰，中间山垭像一道门槛。雾海笼罩、白云缠绕时的南天门如海市蜃楼，天门独开。山峰忽而被抛入半空，忽而荡入云中，使人感到天庭之门的无限神秘。

天书岩

位于迎风索道上站北侧，山峰上的花岗岩石如书本竖直叠放在一起，其岩石呈垂直节理，千层叠合，犹如书架上一卷卷天书，故名天书岩。

◈ 观景台

尧山有许多观景台，登临可观四周美景。

南观景台　南观景台坐落在报晓峰西侧，和北观景台遥遥相望。在这里，可以看到报晓峰似雄鸡引颈高歌；鸭嘴峰伸出巨大的扁嘴，似张似合，与雄鸡唱和。天牛峰横卧层山之巅，观音面朝西南，颔首接受石猴的叩拜。

西观景台　位于石人索道上站西侧，是一圆柱形石柱平台，海拔1800米，上有一棵古松，名叫福松。站在西观景台，可南望石人三峰，西看金龟望月，北望凤凰台、官帽峰、三将军峰，东览青龙背等景观。

北观景台　从通天门西侧，沿幽径石阶登山，山顶有一海拔1626米的平台，名为北观景台。站立台上，远近风景一览无余。西望石人诸峰，大山壁立，苍松点翠，大小石柱摩天接云。

南见白牛城内怪石嵯峨，阴森幽暗，天王点将、大将军、南天门诸景历历在目。城下伴仙居木屋点缀在青山绿水之中，如缩小的盆景。北望小西天、蓬莱阁、水帘壁、睡王母近在咫尺。通天门牌坊有一首诗《题北观景台》："北依王母壁千仞，南眺石人傲苍穹。万千美景一览尽，沙河逶迤自向东。"北观景台沿线有大面积的杜鹃林，是春季观赏杜鹃的最佳线路之一。

览胜台　位于主峰东侧悬崖边上。这里可观看怪石嶙峋的狼牙顶，气势雄伟的二将军峰，仙山环阁般的南蓬莱，松青岩峻的长寿峰，石怪渊深，万木滴翠，云雾蒸腾。

聚景台　高耸于白牛城诸峰之上。怪石嶙峋，苍松挺拔，视野开阔。西望石人三峰近在咫尺；北面刀枪林立的白牛城城墙、城垛，触手可及；南有竞秀峰千姿百态。聚景台是观石人、白牛城景观的最佳处。

二、瀑潭交错 秀逸灵动

山因水而媚，水因山而柔。

沙河发源于尧山景区内的"一瓢泉"，汇集玉皇庙沟、将军沟、石板沟、南天门沟、鸡冠石沟、石人沟、羚羊峡、名山沟等众多涧溪而成大河。清嘉庆《鲁山县志》载："石人垛，西南百七十里。大山壁立，苍松郁茂，北连没大岭，十八垛环抱。鲁境诸水皆东流。"

从尧山发源的沙河，古称瀇水。因蚩尤后人沿河定居，这条河就随了蚩姓，名为瀇水。做了8年鲁阳太守的郦道元写瀇水："发源岩穴，瀞沆洋溢，箭驰飞疾者也。"并在蚩字旁加水以示水系。

尧山景区内，溪水跳动着天籁一路奔涌，携两岸山色，曲折迂回，留下串珠吐玉的无数瀑、潭，成为与大山相依相伴的水文景观。众溪流飞崖跳涧，造就出几十条优美壮观的瀑布。九曲瀑三弯九折，盘旋卷绕，如龙跃九霄，白龙瀑一洞双瀑，宛如二龙戏珠；银线瀑如一束银线连天接地，奇瘦无比，人称"天下第一瘦瀑"。此外还有珍珠瀑、青丝瀑、石梯瀑、爆冰瀑等，瀑瀑各有奇妙。季节不同，四时变幻，或轰然作响，或嘈切错杂，肥瘦相间，高低缥缈，各展神姿，美不胜收。

耀天银练当空挂，落涧翻飞万朵花。"浣溪云境"是尧山景区最美水线，串起一路风景，有"小九寨"之称，泉石相激，喷珠漱玉。

▷ 沙河源

在西一支蜡西南百米处，三面山岭围成的簸箕形山谷中。巨石累累，有水从石罅淌出，形成小潭，一年四季，从未干涸，称为沙河源。沙河，古称滍水，为淮河上游主要支流之一。它流经鲁山、平顶山、叶县、舞阳、漯河，至周口汇入颍河，颍河到正阳关注入淮河。

沙河源处，有几个泉口，其中一泉周围植物丰茂。有一次，几位游客到了这里，恰有山民在此饮水。游客便围上来攀谈。山民侃起了大山，手指周边这些植物，说："这是大黄，那是首乌，还有百合、黄柏，等等。这泉水可不一般，既是沙河源，又是多种中药泡成的汤，既甘甜又保健，不信你们尝一尝。"有位游客果然掬起一捧喝了，感觉"甘甜凉爽"，胜过自带的饮料。于是他们都倒掉了饮料、矿泉水，灌装了这"药泉"水，乘兴而去。

▷ 白龙潭瀑布

瀑布高 45 米，水面宽 3～5 米。由于水流的长期侵蚀、切割，崖壁中间形成一个直径 10 米，深不见底的瓮形石洞，将瀑布拦腰截断。飞流凌空落入石洞，洞水溢出，经二级石壁注入白龙潭。

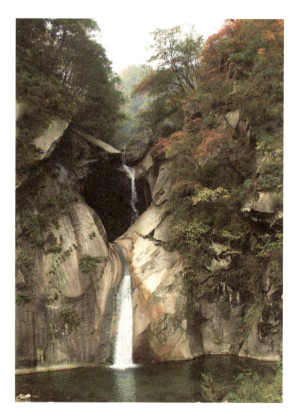

相传，古时有白龙下凡游玩，因贪恋尧山美景，乐而忘返，住了下来。白龙时常云里来雾里去，从此尧山云雾缭绕，风调雨顺，农家五谷丰登。人们感念白龙，就在白龙潭瀑布北侧，建了一座"白龙亭"。亭上有"龙潭当亭晴亦雨，林涛绕榻夏犹寒"楹联。

▷ 将军瀑

位于将军沟，瀑高 16 米，宽 6 米，该瀑因与大将军峰相邻而得名。

爆冰瀑

沿东海龟脚下山溪逆流而上，不远处，一道绝壁直插云霄。壁上倾泻而下一道瀑布，气势恢宏，瀑面壮阔。夏秋季节，瀑飞流云，水吼如雷，烟雾蒸腾，摄人魂魄。冬来严寒，瀑面形成偌大的冰壳玉璧，如厚重的玉帐，冰雕的屏幕。盘根错节，鳞次栉比的冰体，在阳光、风、水的作用下，不断融化分解，错动崩裂。下坠的冰层，撞击山脚下的乱石，噼噼啪啪如爆竹声响，震耳欲聋，故名爆冰瀑。

银线瀑

石板河西 200 米，有一条瀑布从 60 米高的石壁上坠落，长而细，垂且直，宛如一根银线，自天而下，因称银线瀑。又因其形细瘦，天下无双，被人誉为"天下第一瘦瀑"。

◈ 九曲瀑布

又称黑龙潭瀑布，位于尧山景区通天门下，高80米。水流下切，在断崖上形成9个深度0.3～1.5米的凹窝，凹凸不平，瀑水沿石穴，划出一个又一个弧线，呈三弯九曲之状，跌入一汪碧玉般的黑龙潭。

◈ 石板河

位于红枫谷谷底被流水磨光的花岗岩板上，岩板浑然一体，平滑如砥，两岸绿荫垂覆，溪水明净如鉴，重现了"明月松间照，清泉石上流"的诗境。

▷ 智慧泉

在千丈崖下，从石缝中浸出的一股山泉，慢慢向下滴淋，显得十分珍贵。据说来拜石人的人，喝了这泉水智慧开启，灵性大增，故泉水成为进山朝圣的香客们求之不得的宝物。

▷ 天河

天河又称银项瀑。在绿树如海、奇峰呈秀的梨花谷，有高约 60 米的瀑布。它从一架山顶上倾泻而下，瀑光水色，涟滟生辉，如银河飞落，因称天河。又因瀑水漫流在拱形的山体上，如项链之状，故又称银项瀑。有诗云："拔地万里青嶂立，悬空千丈素流分。共看玉女织机挂，映日还成五色文。"

▷ 滴水岩　青丝瀑

从银项瀑再前行，溪流对岸，有"哗哗"水流声。抬眼望去，万木葱茏处有一悬崖，壁面岩分九层，层层相架。泉水向下漫注，始时如蒙一层蝉翼，待落到其下数层，形成滴状，纷纷扬扬，如无数珍珠从上抛下，蹦蹦跳跳，向下滚落。辍者如豆，挂者如珠，故称滴水岩。山雨骤落，流水飞涨，滴落的水珠形成丝状，丝丝缕缕，喷喷洒洒，因此，又称青丝瀑。

此外，尧山还有天中瀑、石梯瀑等 40 条大小瀑布，四时变换，美景各异。

三、云海雾凇　奇幻仙境

尧山奇峰林立，沟壑幽深，森林密布，溪流纵横，独特的地理位置和复杂的高山气候，造就了青龙云海、极顶日出、晚霞夕照、雨后彩虹、佛光普照等绝世美景。

因气候湿润，尧山有雾的日子较多。浓雾起时，云海波涛滚涌，山峰时隐时现，如大海中漂荡的小舟；薄雾缭绕时，如轻纱挂林梢，缕缕薄烟缓缓流动。

登上山顶，四望云海悠悠、烟波浩渺，山峰若隐若现，犹如浮岛，让人叹为观止。

青龙背、飞云谷、玉皇顶是云海多发地带。

自尧山索道上站出发，三条峡谷在此交汇。重峦叠嶂、沟谷幽深、森林蓊郁，云雾常如白色的巨蟒顺着山谷腾飞而上，或缠绕山峰，或弥漫林间，游人至此，犹如置身"苍茫云海仙山"。此处有一段高标准飞云栈道，海拔2000多米。栈道全长1300米，掩映在险峰绝壁之间，沿线奇峰耸翠，步移景异。站立此处，顿生云深不知处，飘飘欲成仙之感。

▷ 云海

在尧山海拔1800米以上的山顶看云海，气象最为壮观。

风平浪静时，云海苍茫，辽阔若雪原，又像是铺开的白色绸缎。有"天兵天将"空中行走，更有"凤凰""雄鹰"展翅欲飞。人在其间，仿佛进入了奇幻仙境。

云海咆哮时，波涛汹涌，大潮拍岸，浪花飞溅，群山全被淹没其中。青峰出露如玉笋，"巨蛙""金龟"海中竞渡，"青龙"弄潮，翻滚游动。阳光照射，光影跃动，摄人心魂。

飞云三谷是云雾多发地带。自主峰出发，过览胜台，见三条南北走向的峡谷，壁直如削，幽深莫测。夏秋季节，云雾常从谷底升起，如白色的巨蟒顺着山谷腾飞而上，如波涌浪翻的大海吞没了涧峡峰林。偶尔露出的几座秀峰，如海上仙岛。游人至此，真有置身"苍茫云海间"的感受。飞云三谷，因此而得名。

夏季是云海多发季节，但是尧山冬季也会出现云海。彼时云海与雪山相接，分不清是云是雪，世界一片莹然。

▷ 佛光

佛光也是尧山美景之一。阳光照在云雾上，经过衍射、漫反射形成了佛光的奇特天象。在尧山景区南观景台、北观景台，遇到阳光、云雾、地形三者恰巧构成光学成像时，就会遇到佛光奇观。

▷ 尧山日出

是尧山"八大天象与气候景观"之一。随着夜色渐渐消退，黎明的曙光缓缓从东方地平线升起，万道金光瞬间穿透彩云，一道道山岭、一条条河流、一座座村庄、一片片湖面，霎时沐浴在红色的朝晖里，万物披霞，旖旎无比。红日、群峰、碧溪、云海、霞光，那种一秒一景，一拍一画的浪漫和唯美，触动心弦，摇曳心旌。

▷ 尧山冰雪

到了冬日，天地以北风为笔，涂抹出尧山千层万岭的寒素之色。奇峰、怪石、古树、溪流、瀑布汇聚成童话般的梦幻之境，人在其间，所有的尘俗之虑都被涤荡一空。

千姿百态的"雾凇""雪凇""雨凇"，把尧山装扮成童话世界。

尧山"240 多个景点，72 座山峰，36 处名胜"，被动人的故事和传说灵动幻化。当数不清的象形山石被冰雪包裹，晶莹剔透，犹如天然的冰雕艺术品，让人在中原领略北国的雪原风光。

◈ 尧山冰瀑

当寒冷锁住了高悬的飞流，凝结成岩崖上舞动的冰瀑，晶莹剔透，十分壮观；涧谷跌水则形成冰帘，倒挂于石壁之上；深潭激起的浪花，化为冰花、冰笋、冰菇，形态各异，相映成趣。最壮观的冰瀑多在绝壁处形成，如黑龙潭瀑、将军瀑、爆冰瀑等，飞瀑冰挂，晶莹剔透，美轮美奂。

◈ 尧山雾凇

松树、柏树、桦树和栎树披雾成羽时，仿佛朵朵银菊绽放，洁白晶莹，既温婉又粗犷，既庄严又俊逸。一幅幅画卷婀娜多姿、美丽绝伦。

雾凇是在有过冷却雾，且天晴、少云、微风的条件下，空气中水汽触及低温的树枝、藤条、电线时，直接凝华或急速冻结在物体上的乳白色水晶沉积物。

尧山雪凇

当地面温度较低而空中降下湿雪时，这雪便棚在树冠上，沾在树枝、树干、枯叶上，继而冻结加厚，奇特景观雪凇就出现了。

尧山雨凇

在冬季出现冻雨时形成，草丛树枝上凝成冰晶，串珠挂玉，似蜡梅暗香浮动，如水仙清芳宜人，枝条随风飘摆时，看不尽的千姿百态。此时走进尧山，似游似梦间步入了一个童话般的仙境。

四、珍贵名木 奇花异卉

尧山，资源丰富，植物众多。核心区域，林木覆盖率97%，是天然植物宝库，种类繁多的植物给寂静的山体披上锦绣，带来生机。初步调查，现有植物种类在4000种以上，其中保护植物有1500多种。尧山有大片保存完好的原始森林，千年以上树龄的青冈、红桦、水曲柳、华山松、华榛、铁木等遮天蔽日，落叶腐质厚积山涧，各种花草、药材生长旺盛，是天然的动植物宝库。

尧山植物区系，具有多方交汇、南北兼容的特征，以华北植物区系为主，兼西北、西南以及东北植物区系特征，植被类型复杂多样。植被垂直分布明显，以海拔1300米以下，1300～1800米、1800米以上三个高度为界，依次为落叶阔叶林带、针叶阔叶混交林带、针叶林带。上部为针叶林及灌木丛，松杉苍翠，绿浪起伏；中部为针、阔叶混交林带，红枫、白桦、漆树、水曲柳等媲美争辉，常青的松树、杉树掺杂其中；下部为落叶阔叶林，密林之中，芳草萋萋，山花摇曳。

国家二级保护植物有秦岭冷杉、连香树、香果树、水曲柳、中华猕猴桃、软枣猕猴桃、蕙兰、天麻、野大豆、黄檗等；省级保护植物有巴山冷杉、铁杉、中国粗榧、胡桃楸、青钱柳、华榛、铁木、青檀、大果榉、领春木、望春花、山白树、权叶槭、金钱槭、暖木、玉玲花、河南海棠、重齿槭、河南卷瓣兰。

尧山四季有花，景区内的珍稀山花有千年古杜鹃、紫荆、珍珠梅、倒挂金钟、紫斑牡丹、百合等80种。

▷ 尧山奇松

尧山分布着油松、华山松等，它们或生于悬崖峭壁，或长在深壑幽谷，树干虬曲盘旋，叶簇如云，形态各异，气韵高雅。最为著名的有尧山寿松、福松、卧龙松、迎客松、青龙探爪、华盖松、"福禄寿"三松等。

尧山寿松　位于老君峰下，根植石缝中，主根盘亘在巨石上，树高8米，冠幅9米，整体如一繁体"寿"字，故称尧山寿松。树龄在800年以上。清华大学教授周维权称其为"国宝级松树"，"可与黄山迎客松媲美"。

　　尧山福松　位于西观景台。古松依巨岩而生，枝繁叶茂，树龄约500年。"松树常青，意含福寿常存"，人称"福松"。

　　尧山卧龙松　生长在石人峰下，全身披满鳞甲，紧贴巨石横卧，蜿蜒5米后，昂首向上，似卧龙腾飞。树身全长11米，冠幅3米。有诗曰："白云深处卧天龙，胸藏万壑欲凌空。"因怀抱巨石，亦称树抱石。

　　迎客松　位于青龙背上段的峰脊上。根植绝壁岩缝，枝繁叶茂，树高6米，冠幅7米，树龄500年以上。树冠轮廓呈弧形，松枝如张开的长臂向东伸展，似主人欢迎远道而来的游客，因称迎客松。

　　青龙探爪　位于青龙背上，松树倒挂于半山绝壁，树枝向下弯曲伸展，如蛟龙探海，故称青龙探爪。

华盖松　位于青龙背北段，生在山巅岩石上，冠如华盖。松树周边无土壤，却能破石而立，经年不枯，实为生命奇观。

福禄寿三松　位于青龙背三松台。该台窄长斜倾，其中部较为平坦，可供人展盘对弈。三棵松树，树龄均在500年以上，相距2~3米，呈三角分布。相传福、禄、寿三星常在此下棋，久而久之，化身为松。三松台下，是万丈深渊，常有云雾飘绕。向西远眺，姐妹峰、西观景台、凤凰台、石人三峰等遥遥相望。正北方王母山横亘天际，北观景台遥入云端。天阶栈道自三松台始盘绕而上，如摩天云梯，似巨龙飞舞。

◈ 山茱萸

遍布尧山区域。3月初开花，花期持续月余。花瓣、花蕊呈黄色，远看重重叠叠，金光熠熠。

山茱萸先花后叶，到秋季果实累累，初冬时节果实仍挂满枝头，为秋冬观果佳木。茱萸果俗称"枣皮"，味酸涩，有温阴滋肾功效。

▷ 尧山杜鹃

尧山杜鹃，有落叶杜鹃与常青杜鹃两种，生长在高海拔区域的高山杜鹃四季不落叶。每年4月下旬到6月上旬，自山下到山顶，杜鹃次第开放，团团簇簇，栖在山崖上，开在清溪边，从山脚，到岭脊，成为最亮丽的风景线。其中最有名的是秀雅杜鹃。

秀雅杜鹃，生长于高海拔区域，也叫高山杜鹃。具有耐寒性，四季常绿，花紫红、淡紫、深紫者居多，主要分布在迎风索道上站、寿松到玉皇顶沿线。树龄多在千年以上，连生成林，形成杜鹃长廊。

浅山杜鹃，又名映山红，落叶灌木，多生长在海拔 1500 米以下。花色有大红、粉红、紫红等，花先于叶开放，或一两株隐于绿树丛中，或三五株连成一簇，结成队、连成片、织成花海，盛开时漫山遍野，让人眼花缭乱，目不暇接。

尧山景区山门至九曲瀑布沿线，通天门至北观景台沿线，都有浅山杜鹃分布。

▷ 紫荆

落叶乔木，因其树型高大，又称巨紫荆，树形高大隽朗，枝繁花艳。花开连片，如火焰，似落霞，气势宏阔，香气浓郁。

尧山紫荆大多生长在海拔 800～1000 米的山坡上，具有花期早、花期长、花朵密、色泽艳等特点。深谷幽涧、山腰峰头、道旁崖畔，随处可见。

❖ 连翘花

从山门到青龙背，山坡灌丛里、林下草地上，都有连翘的身影。早春，花先于叶开放，满枝金黄，艳丽可爱。诗曰："千步连翘不染尘，降香懒画蛾眉春。虔心只把灵仙祝，医回游荡远志人。"

❖ 棠梨花

初春开花，花朵雪白，花蕊粉红。尧山景区，漫山遍野都有它的身影。春来山风吹拂，花瓣飘飘洒洒，别有韵味。棠梨花也是当地人喜食的一种野菜。

尧山红叶

尧山多红叶，色彩以红橙黄为主。与春日杜鹃自下而上梯次开放相反，尧山红叶是从山顶向山下，渐渐变色，层层晕染。一缕金风一抹红，愈是经霜愈晶莹。深秋时节，那些分布于山间的枫树、黄栌、棠棣等，叶子开始变红，红色不断向山下漫溢。低山区的柿树、爬山虎、漆树、"鬼见愁"和许多不知名的乔木、灌木都加入了这渐橙渐红的行列，赤红、橙红、橘红、淡红，就像是丹青大师打翻了七彩调色盘。著名作家李準游览尧山后，盛赞尧山红叶"三黄五红十绿，花团锦簇"。

尧山红叶树种最多的地方，在红枫谷、石人谷、炼丹峰、玉皇顶等处。红枫谷的山坡上长满了枫树，有三角枫、五角枫、

七角枫。及至秋日，满山枫叶，映红了天，映红了水，是观赏红叶最佳处。

▷ 珍珠梅

蔷薇科，因其花蕾如颗颗珍珠闪亮，花开如朵朵雪梅而得名。在尧山海拔 1000 多米的河谷中生长，绿林丛中喷吐出一簇簇、一片片清雅的白色小花。一株能生出巴掌大的花团上百簇。因开放于夏季，也称六月雪。

▷ 秦岭冷杉

松科，国家二级重点保护野生植物，常绿乔木，高大挺拔，树冠如伞，为中国特有珍稀濒危物种。主要分布在尧山主峰海拔 1800 米以上的峰峦岭脊之间，有植物活化石之称。

▷ 领春木

领春木科，河南省重点保护植物，落叶灌木或小乔木，树形优美，树干通直，生长在海拔 900 米以上的溪边杂木林中，花无瓣，果实周围有翅，顶端圆形，下端渐细成明显子房柄，看起来就像关公的青龙偃月刀。

▷ 铁杉

松科，常绿乔木，干直冠大，树姿古朴，形若雪松，生长在海拔千米以上地带，根系发达，抗风雪，寿命长。

青钱柳

落叶速生乔木，珍稀树种。生长在尧山海拔 500 米以上的山林中。高大挺拔，果实像一串串铜钱，从 10 月到翌年 5 月挂在枝头，迎风摇曳，颇具观赏价值。青钱柳富含皂苷、黄酮、多糖等有机营养成分，能有效平衡人体糖代谢，从而达到降血糖的效果，被誉为"植物界的大熊猫"。

降龙木

降龙木也称六道木，生长在尧山景区二道垭附近。因生长缓慢，木质坚韧，木面光滑细密，不易折。若强力折之，斜茬似刀，锋利如刃。

降龙树，属世界珍贵的野生植物。每年农历五月，开小白花，黄色花蕊，花期 20 余天，香飘数里。果实光滑，九月成熟。枝翅奇特，秋叶红艳耀目，果裂亦红，是观赏佳木。

降龙木枝干有六道或九道棱线，自古就被作为稀有药材。人中了风邪，精神恍惚，久治不愈，用降龙木屑冲水饮用，可立即见效。亦可将其放入有毒的水中，大多数毒素都会有反应，可以看见木头冒泡。

评书《杨家将》中，穆桂英大破辽军天门阵，驱散阵中毒气用的就是降龙木。戏曲《降龙木》或《斩子》里，穆桂英拿的那条木棍就是降龙木。历史上曾经用降龙木制成筷子进献给皇帝和重臣，用来测试饮食是否有毒。

◈ 鬼见愁

鬼见愁又叫栓翅卫矛，别名四棱树，树枝有四个棱。树叶在秋季变红，火红的果子会自己开裂，非常美观，常作为观赏树种。鬼见愁还是一种上好的中药，有活血调经、散瘀止痛、治疗烫伤的功效。

◈ 栎树

落叶乔木，尧山主要林木。树干挺拔，根系发达，寿命长，用途广，被誉为"多宝树"。幼小的栎树，砍伐枝干，让其翌年春暖再生，可用来养蚕。

尧山有很多古栎，分为青冈栎、栓皮栎、麻栎、槲栎等，不少树龄都在千年以上。

尤为奇特的是，尧山景区西城门一侧的石脊岭上，有槲栎树树干中空，反倒生出湖北桦楸，人称寄生树。在景区，人们还发现榆树上生柳，青冈上生桑。北观景台的寄生柳，将军谷的寄生桑，一树生成两种枝干，长两种树叶，为尧山奇观。

◈ 华榛

落叶乔木或灌木，属于濒危树种。树干通直，树皮灰褐，果实金黄色、黄色或红褐色，营养丰富，微量元素如钙、磷、铁等高于其他坚果。

◈ 连香树

生长在海拔 650 米以上的山谷中。落叶乔木，资源稀少，已濒临灭绝，被列入《中国珍稀濒危植物名录》《中国植物红皮书》和第一批《国家重点保护野生植物名录》，是国家二级重点保护野生植物。

此外，尧山景区还有櫔子树、乌桕、枫杨等众多树种。

五、异兽珍禽　奔野鸣空

尧山，作为国家级自然保护区，因其沟壑纵横，植被丰茂，生态良好，各类动植物和谐共生，形成了完善的生态系统，为野生动物提供了良好的生存环境。初步调查，这里有陆栖脊椎动物 125 种以上，还有大量水生动物及非脊椎动物。国家级、省级保护动物 30 多种。豹、麝、鲵、金雕、羚羊、红脚隼、狐、獾、貉、青鼬、啄木鸟、双斑锦蛇等皆属濒危物种。

尧山风景名胜区也是珍稀鸟类的天堂。赵村镇国贝石村泉水湾拍鸟基地，山清水秀，野生鸟类品种繁多，被中国鸟网授予"中国观鸟基地"称号。鸟类有红腹锦鸡、红秀鸟、凤头鹃、勺鸡、黑鹳、石鸡等多种，是国内外众多摄影家的打卡地。

赵村镇下寺村玉水湾，是又一观鸟基地。在此，可拍摄到国家级保护禽鸟黑鹳、红腹锦鸡、三道眉草鸥、黄眉鸟、啄木鸟等。游客可在观鸟长廊近距离欣赏自然状态下野生鸟类的活动场景。

◈ 黑鹳

国家一级保护野生动物。活动敏捷，性情机警。栖息于河流沿岸、沼泽地、山溪附近，在高树或岩石上筑大型巢，以鱼为主食，也捕食其他小动物。

▷ 红腹锦鸡

国家二级保护野生动物。全身羽毛互相衬托，赤橙黄绿青蓝紫俱全，光彩夺目。为中国特有鸟种，是驰名中外的观赏鸟类，尧山风景名胜区多见。

▷ 金雕

国家一级保护野生动物，鹰科。多栖息在高山岩石或大树上。

▷ 丘鹬

国家二级保护动物。体型肥胖，腿短，嘴长且直，头顶及颈背有斑纹。起飞时振翅嗖嗖作响，飞行看似笨重。栖息于阴暗潮湿、林下植物丰茂、落叶层厚的阔叶林和混交林中，有时也见于林间沼泽、温湿草地和林缘灌丛地带。白天隐蔽，夜晚飞至开阔地进食。主要以昆虫、蚯蚓、蜗牛等为食，有时也食植物根、浆果和种子。

◇ 艾叶豹

艾叶豹也叫云豹，国家一级保护动物。犬齿锋利，可咬杀较大猎物，与史前已灭绝的剑齿虎相似。夜间活动，善爬树，常从树上跃下捕食鸟以及猴、鼠、野兔、小鹿等小型哺乳动物，偶尔偷吃鸡、鸭等家禽。

◇ 金钱豹

世界濒危物种，体型似虎，视觉、听觉、嗅觉发达。喜独居，常夜间活动，白天在树上或岩洞里休息。尧山开发之初，有人曾在尧山看到过金钱豹。

◇ 林麝

林麝别名南麝、香獐。体型较小，雌、雄麝都不长角，雄麝的上犬齿发达，呈獠牙状。雄性林麝分泌的麝香不仅有较高的药用价值，还是一种名贵的天然高级香料，是中国传统的出口创汇商品，有"软黄金"之称。

属国家一级保护动物，被世界自然保护联盟（IUCN）列入

《世界自然保护联盟濒危物种红色名录》。

▷ 斑羚

国家二级保护动物。体型大小如山羊，但无胡须。眼睛大而突出，体毛厚密蓬松，通常呈灰褐色，毛尖为黑褐色，远观时有若隐若现的麻点，所以也有"麻羊"之称。

▷ 大灵猫

大灵猫俗名麝香猫，国家二级重点保护动物，濒危物种。体长 0.6～0.8 米，棕灰色，颈部有 3 条波状黑色领纹，尾部有 5～6 条黑白相间的色环。生性机警，听觉、嗅觉灵敏，擅攀登和游泳。

▷ 大鲵

列入《世界自然保护联盟濒危物种红色名录》，两栖动物。体大而扁平，食性广，主要以蟹、蛙、鱼、虾以及昆虫等为食。一般栖息在海拔千米以下的溪河深潭、岩洞、石穴中。尧山多个瀑潭中都可见到。

▷ 松鼠

多栖息在尧山针叶林及针阔叶混交林区，尤其山坡、沟壑两岸的树林中最多。喜独居，有的在树上搭窝。善攀登、跳跃，在草丛和树枝上窜来窜去，互相追逐嬉戏。蓬松的长尾起着平衡作用。跳跃时，后肢支撑身体，尾巴伸直，一跃十多米。松鼠不冬眠，寒冷天，用干草把洞封起来，抱着毛茸茸的长尾取暖，可以好几天不出洞，天暖再出来觅食。

◈ 金裳凤蝶

前翅黑色，后翅金黄色。飞翔姿态优美，金黄色和黑色交融的斑纹在阳光照射下金光灿灿，美丽华贵。

◈ 绿豹蛱蝶

翅面橙黄，斑纹黑色。飞行能力很强，可在树冠看到它们滑翔。喜栖息在落叶林地，尤其是针叶林内的榉树上。据调查，尧山还有果子狸、金猫、雨蛙以及多种珍奇蝶类。

六、人文荟萃 史迹遍布

◈ 刘累亭

尧山山门左侧，有一巨石。该石峻嶒瘦骨，其上平坦光滑，宛若琉璃。据古书记载，尧帝的后代刘累，曾为夏代孔甲帝养龙，一龙死后，刘累就带着另一条龙逃到尧山，这条龙就栖息卧伏在这块巨石上，此石故名卧龙石。后人在石顶30多平方米的平面上，建亭纪念刘累，称刘累亭。《后汉书·郡国志》记："鲁阳有累亭。"嘉庆《鲁山县志》载："刘累迁于鲁阳，亭当于此取名。"该亭挑脊金瓦，六角翼翼，雕梁画栋，一派古香。亭内有六幅壁画，形象地记述了刘累擒服双龙、迁居尧山、立尧祠祭祖的故事。

◇ 尧亭

山门西百米，一横卧峡谷的山岭上，有一座双层古亭，此即尧亭。传说当年刘累进山立尧祠时，常在此歇息。东汉光武帝即位后，命鲁阳郡守在此修建该亭。它依山就势，六角翼然。居亭四望，视野开阔，远山近水尽收眼底，令人心旷神怡。

◇ 墨子故里

尧山镇下坪村，有一背山依水、俨若凤羽般的山岭，石壁上镌刻着"尧山凤岭"四个大字。凤岭取其山势如凤鸟展翼之意。此地是战国时期伟大的思想家、墨学派创始人墨子降生的地方，现有石碑一通，系河南省原副省长、中国地方志指导小组成员、河南省地方史志编纂委员会主任邵文杰亲笔书丹："墨子故里"。

凤岭上，矗立一座大型墨子塑像，他面朝东南，手握书简，双目炯炯，遥视远方，流露出平民思想家兼爱天下、忧国忧民之情。

◇ 迎凤树

游人行至尧山索道下站，有一片开阔地，此地称迎凤树。

据说此地有一棵梧桐树枝干挺拔，根深叶茂，常有凤凰栖于梧桐之上。相传墨子母亲怀孕期间曾在此见到凤凰，因凤凰金色的羽毛闪闪发光，很是好看，墨子出生时，墨母就给他起名"佳羽"，即翟。墨子长大后出门，头上也总是插支野鸡翎。1993 年，尧山开发时，人们在迎凤树建设一座花岗岩石亭，名为"迎凤亭"。

▷ 通天门

位于土地垭山垭口，为三门八柱牌楼，歇山顶，飞檐起脊，琉璃瓦，檐脊上有二龙戏珠装饰。上刻"通天门"三个大字，因此地海拔近 1500 米，从下仰望如在天宫，故名。通天梯下连黑龙潭，上至通天门，长 120 米，宽 3 米，垂直高度 88 米，共有 456 个台阶，如通天云梯直挂云端，故称通天梯。

1997 年 11 月 16 日，首届中国电视吉尼斯石人山蹦天梯大赛在这里举行，此后，这里一度成为中国电视吉尼斯蹦天梯大赛固定赛场。

▷ 伴仙居

在通天门西群山环抱的小盆地西北边缘，有几间简陋的房舍，门前溪流潺潺，屋后绿竹婆娑，闲适静雅，清幽淡远。这就是独居深山几十年，和大山为伍、与神仙做伴，人称"范半仙"的老人范学俭独居之处，因称伴仙居。它也是民国风云人物、军界名人樊钟秀隐居过的地方。

第二节　名胜遍布　山水画廊

造化美景，堪比五岳；

历史厚重，风情独特。

群峰列翠，溪涧纵横；

苍岩对峙，蓊林弄舞。

以自然山水为底色，以历史文化为重彩，

一道山水画廊，一处旷世佳境。

尧山风景名胜区范围内，移步换天地、举目皆是景，大小景区、景点数不胜数。除了核心景区尧山，其他景区甚多。

一、六羊山景区

位于尧山镇营盘沟村，景区总面积64.7平方公里，以"山峻、岩奇、水秀、潭幽"闻名。峰峰岭岭，林水相映，好似凌空抖落的画幅。

相传一位道士遍寻修道之地，到这里，一眼看中了天柱峰。当地民众为求祖师庇护，纷纷捐款捐物，想在天柱峰上修建祖师庙。天柱峰峰陡岭峻，山路崎岖，建造工程谈何容易。眼看一年过去，工程进展缓慢。民众心里焦急，来到山下焚香祷告，祈求祖师援助。祖师点化出六只神羊，一夜之间把建庙的材料全运上山，祖师殿得以快速顺利落成。殿宇建成后，羊受封成神，留下守护祖师殿，百姓为纪念神羊，便将这片山水命名为"六羊山"。

◈ 祖师殿

坐落在海拔810米的天柱峰顶，始建于唐贞观年间，其后数次重修。殿宇高峻，蔚为壮观。今天的大殿，是按清代风格重建而成的。

玉皇庙

位于天柱峰后的玉皇顶，庙宇采用古老的宫殿式建筑，飞檐斗拱，梁雕画栋。玉皇庙始建于明朝永乐年间，1993 年和祖师殿同期重修，香火一直很旺。

六羊山山清水秀，石峭林密，历来为兵家藏兵、隐士修道之地。良好的植被和层层叠岩形成了多级梯式瀑布群，通天河穿石过林，犹如一条玉带缠绕，或舒展有度，依壁趁石，似玉帘垂幔；或放荡不羁，劈石撼树，如飞雪卷雾。

神鹰石

进入六羊山景区山门，迎面一巨石，状若鹰隼，形神兼备，眼睛利爪，纤毫毕现，故称神鹰石。

美女潭

位于六羊山山门内 500 米处。这里，峦突峰兀，怪石嶙峋，道道瀑布从通天河奔流而来，汇成一泓面积约 3500 平方米的碧绿水潭，潭中有巨石横卧。相传，七仙女曾到凡间，见这里风景秀丽，水清如碧，就在此沐浴。沐浴间，忽闻有位牧羊童赶着羊群出现在山顶，仙女们生怕被人看见，便使用隐身仙术，只听一声轰响，巨石从天而降，把仙女们挡在石后。这个水潭从此就叫美女潭，这块巨石就叫隐身石。

▷ 通天瀑

高约 50 米，此处断崖如刀削，水自高处飞落成瀑，烟霞升腾，弥漫山谷，让人生出"飞流直下三千尺，疑是银河落九天"的感叹。

▷ 红石崖

海拔 800 米，因崖壁粉红而得名。伫立其上，整个景区尽收眼底。

▷ 天下第一足

位于红石崖顶，一脚掌印，长八尺开外，宽二尺有余，五指分明。传说，祖师爷上山时，一足踏断巨石，留下这一足印。至今，这一带还有"真武一点巨石断，玄天一足留人间"的神话传说。

▷ 云中观音

这是一座长相如同观音的巨石，因位置较高而得名。据说，仙居南海的观音菩萨云游天下，普度众生，来到六羊山，化石身于此。

▷ 玉印峰

滑道西侧有峰似玉印。据传，有一年玉帝驾临，见六羊山金光紫雾环绕，充满王者之气，就把玉印放在这里，日涵月蕴，化为这座山峰。

◇ 慈母峰

海拔955米，是六羊山制高点之一。山峰犹如一位慈母。峰旁有石，状如箱子，传是百宝箱所化。

二、诗景龙潭峡景区

诗景龙潭峡景区位于尧山镇上坪村，海拔在400～1800米，花岗岩地貌，两岸石壁陡峭，飞瀑幽潭叠落，林木覆盖率90%以上，各种鸟兽成群栖息，四季景色迥然不同。春季，群山吐翠，野花璀璨，杜鹃红满山际；盛夏，飞瀑欢歌，林荫遮天，峡谷内凉爽怡人；金秋，果香四溢，山红枝缀，尽享丰收乐趣；隆冬，冰柱雪挂，银装素裹，遍山晶莹剔透。

景区面积30平方公里，主要景点有98处。

2008年6月，由中央电视台电影频道、河南大象影视制片有限公司和鲁山县委宣传部联合摄制的大型数字电影《墨子》在此开机拍摄。

景区内留有为拍摄建造的墨子故居。

龙潭峡树木以落叶乔木居多，有柞树、漆树、桑树、柳树、桃树、杏树等数百种。无数花草藤灌生长在林木之间，交织若网、垂挂似帘。

龙潭峡河水自上而下，像一条巨龙，穿涧越峡，斗折蛇行，逢崖跳崖，遇岩翻岩，留下一路潭瀑。尤以龙潭瀑布最为壮观，它悬挂于百米高的崖壁上，飞身垂落，摇岚曳石。雨季水丰，瀑声如雷，声传数里。

五指山

峡谷右侧，自上而下裂开 5 条巨缝，呈巨手状，五指分明。相传是如来佛祖的五指神掌。

龙女潭

因潭旁石壁上有"龙女飞天"图案而得名。图案中龙女身姿婀娜，飘带轻盈，裙角飞扬，生动逼真。

东龙潭瀑布

瀑高 70 余米，悬挂于峭壁，飞流直泻，迸珠溅玉，落入峭壁围合的天井中。瀑下一汪碧潭，清澈见底，形成"龙潭洞天"奇观。

继续沿河上行，听见水声轰鸣，就到了响水潭。但见水流从十几米高的连山石河道落入潭中。再往上，河水在浑然一体的岩床上流淌，清澈见底。由于长久冲刷，河道变为水潭，名石板潭。

游览龙潭峡，下山可乘坐花岗岩滑道。滑道全长800米，作为代步工具，惊险刺激，妙趣横生。

三、想马河景区

想马河发源于鲁山县与南召县交界处的白草垛山，是沙河的一条支流。《鲁山县志》记载："想马河，发源于二郎庙乡蚕坡村西南，于想马河口汇入沙河，长9公里。"

想马河景区面积约28平方公里，主峰马鞍垛海拔1000米，以丰富的森林资源和水系景观闻名。河谷两岸，草丰林密，潭幽瀑急，水奇山秀，自然景观和人文景观丰富多彩。

相传，当年刘秀被王莽追赶，慌不择路，逃进了这条山沟，在沟中与王莽周旋数日，马不停蹄，异常劳累。有一天，走着走着，绝壁当道，断了路径，若调头，必与王莽相遇。正当刘秀万分焦急之时，看到了从崖上垂落的藤条，于是弃马攀岩，逃出绝境。

刘秀甩掉王莽后，在一条河沟旁歇息，才想到自己的马落入敌手，必死无疑。谁料这是一匹有灵性的马，它躲过追兵，绕行数十里赶了过来，让刘秀转悲为喜。他跃马出山，最终摆脱了王莽的追杀。刘秀当了皇帝后，他当年舍弃骏马的山沟被后人称为忘马沟、歇息想念骏马的河就成了想马河。如今，刘秀当年经过的地方，还留有许多遗迹和传说，比如东马鞍垛山、西马鞍垛山，拴马石、刘秀石床等。

想马河，分西沟河、东沟河两条支流。西沟河长约15公里，源自鲁山县与南召县交界的大横岭和白草垛。东沟河的泉水源头在鲁山县与南召县一岭之隔的芥菜坪。

◈ 西马鞍垛山

山势陡峭高峻，形似马鞍，称西马鞍垛山。及至近前，绝壁如刀削般直上直下，峡谷低深幽暗，犹如李白诗句"天台四万八千丈，对此欲倒东南倾"。传说，这座大山是刘秀的马鞍所化。

◈ 画山

西马鞍垛山侧面突出的山岩，怪石嶙峋，形象多变。初看，如骆驼，名骆驼峰；转一个角度再看，像是鹰嘴，又似仙人聚会。不同角度，形象变换，如画如塑，因此得名画山。

抬轿石和蜡台山

行至大石窑村回望，山脊石柱成丛成组。一组像两汉抬轿一人坐，另一组则是蜡烛直立蜡台上，此二山得名抬轿石和蜡台山。

自大石窑村南行，可观赏青龙山、两截石、天门山、天井瀑布等景观。

天井瀑布

位于忘马沟，瀑高 30 米，瀑下溪潭深不见底。周围岩崖环立，瀑布如落天井，水声如雷，故称天井瀑布。

风动石

过天井瀑布上行 500 米，左侧山根有一巨石，与地面接触点很小，风吹石动，却滚不下来，人称风动石。

蝙蝠洞

忘马沟村北隔一条山谷，有一处乱石堆垒。石堆下藏有曲曲折折的石棚洞。洞中蝙蝠成群，有人进洞，扑棱棱乱飞。洞中犹如天然大厅，洞深几许，深不可测。

黑龙潭

位于想马河景区东沟河、西沟河交汇处，筑有拦河坝，坝内水面约 2000 平方米。20 世纪 70 年代修建的水电站，现已淤废。水泄坝下成潭，潭深 14 米，水面约 3500 平方米，亦称黑龙潭。

一瀑连九潭

位于黄土岭自然村，水势湍急。村下 300 米，有瀑直落，冲出 8 米深、约 700 平方米大的水潭。水自潭中溢出，走走停停，又形成一串 8 个小水潭，人称一瀑连九潭。

通天门瀑布

文殊寺位于朝阳庵自然村旁，因瀑布顶端岩石壁立，如门状，故名。瀑高 13 米，瀑面似一卷冲天而起的白缎，落入碧绿的深潭中。瀑下水潭面积 700 平方米，深约 4 米。

红河谷瀑布

位于忘马沟村南，瀑布水量虽不大，但曲折回环，十步五跌，一跌一景。流水下切，形成深深石槽，呈暗红色。

马鞍山瀑布

位于想马河东，马鞍垛山东北，因绝壁直立，每逢大雨过后，水从石壁流下，如银河泻落，数里之外，可见闪亮水练，十分壮观。

四、文殊寺景区

位于鲁山县西南部的四棵树乡平沟村，由于该寺建在海拔1112米高的俺窟沱山上，又名"俺窟沱寺"。据清道光二十五年（1845年）《重修文殊庵俺窟沱寺》碑记所载："鲁邑西南偏山坳之间，旧有文殊庵俺窟沱寺，白云为藩，青嶂为屏，绿竹映阶，银杏封宇，即古之丹邱殊林无以过之。"北魏著名地理学家郦道元曾任鲁阳太守，他在《水经注》"滍水"中，详细记载了鲁山的河流地貌、山川风物、古迹遗址、风土人情等，其中就有文殊寺。

据传，唐武宗会昌元年，即公元 841 年，日本高僧慧萼带着他在五台山敬请的一尊观世音菩萨像，乘船回国，当船行至浙江普陀山东南新罗礁时，被水面上突然出现的数百朵铁莲花围堵，慧萼领悟，是观世音菩萨不肯离开中国，立即祈祷应允：建"不肯去观音院"，铁莲花才退去。慧萼带观音菩萨像折返，途经尧山，曾在今文殊寺的银杏树下小憩。后人为纪念不肯去观音，建俺窟沱寺，即今日文殊寺。

据寺内现存的两通石刻碑记所载，该寺建于元至正四年（1344 年），迄今已有 600 多年历史。其间，历经明成化元年（1465 年）、弘治丁巳年（1497 年）、万历辛卯年（1591 年）及清乾隆三十四年（1769 年）等数次大修，可见规模之大，香火之旺。

文殊寺，坐落于白云深处，四周群峰竞秀，寺前一泓碧水长流，茂林修竹环绕，飞瀑流泉相伴，聚幽雅清新为一身，是尧山风景名胜区的重要组成部分。该寺由止殿、过殿、偏殿组成，香火久盛不衰。近年来让文殊寺闻名遐迩的，是寺内的 5 棵参天古银杏树。

银杏又称公孙树，其果实也称为白果，雌雄异株，生命力极强，有生物界"活化石"之称。文殊寺的银杏树三雌两雄，最低的 35 米，最高的 43 米，树龄都在 2800 年以上。

春夏，银杏枝干挺拔，绿叶婆娑，如撑开的巨大绿伞，罩下满地浓荫。秋季，银杏叶尽染黄色，满树灿灿，流光溢彩，如一幅金色画卷铺展开来，在斑斓的秋色中格外耀眼。微风吹过，簌簌而下的金色叶片，如翩翩飞舞的蝴蝶，婀娜多姿，浪漫唯美。此时，座座大殿与金黄的色彩融为一体，文殊寺宛然一座"金色佛国"。

银杏群中，最大的那棵树围近七米，需几个人手拉手方可环抱。尤其让人惊奇的是，树干齐胸高处有一宽10厘米的纵长洞口，透过它能清楚地看到树干内被锯掉过一块长1.7米、宽0.8米的木板，下部用手掰掉的锯茬仍历历在目。

相传，建中岳庙时，国君要求要用文殊寺的银杏树做个大匾额，百姓不忍伐树，就把这事告诉了墨子，墨子把百姓的苦恼转告鲁班。鲁班来到这儿，绕树转了三天，终于想出个两全其美的办法。在一个皓月当空的夜晚，他亮出绝技，在银杏树正中竖着锯下一块"中心板"，树却安然无恙。如今，树干内的锯茬儿依然清晰可见。

隋朝末年，李世民兵发中原，被隋军围追堵截，仓皇逃到团城的深山巨谷之中。失魂落魄时，他面对文殊菩萨许愿，求菩萨助他夺定中原。后来，李氏父子终得了天下，建立唐朝。李世民即位后，于贞观四年（公元630年）为俺窟沱寺内的文殊菩萨和观音菩萨重塑妙像，金衣加身，佛光四射。

五、天龙池景区

天龙池景区位于尧山镇西5公里处，占地约60平方公里。因顶峰有一湖泊名唤天龙池而得名。相传，天龙池是鱼篮观音入世化身飞天之时留下的。观音圣相脱胎而去，篮中鲤鱼不甘再堕江海，奋力一跃，直上九霄，化身为龙，住在龙池里。神奇的是，即使遇到旱灾，天龙池水也从不干涸。

得益于大自然的鬼斧神工，天龙池保留了中原地区最具原生态的自然风貌，内有三潭映辉、龙池晴岚、碧峰蝉影、杜鹃花海、藤影回廊以及养心泉、七彩瀑、金沙湖等自然景观80处。这里植被茂盛、鸟语花香，流水潺潺、四季如画，有"中原绿肺""植物王国""天然氧吧"等称号。人在高处四望，或天高云淡，或层岭如黛，飞瀑流泉，水石相激。春来山花烂漫，秋季红叶满山，风光旖旎，令人心旷神怡。

天龙池景区以高山滑雪、滑沙、滑草、漂流为特色，建有国学禅修培训基地、历史特色博物馆、爱情主题公园、拓展训练培训基地、婚纱摄影拍摄基地、高山射箭游艺场、卡丁车赛场、中原地区特色风情小镇和养生养老特色园区等，实现了时尚游乐、休闲度假与健康疗养的完美融合。

六、神牛峡景区

神牛峡景区位于鲁山县尧山镇铁匠炉村境内，主峰海拔1800米，总面积约22.55平方公里，因太上老君坐骑神牛放归于此而得名。这里峡谷幽深、层峦高耸，花岗岩石针、石蛋、石片地貌繁多，奇峰、怪石俯仰皆是；这里溪流像一条翡翠缎带，潭水明净碧绿，飞瀑如帘；这里名贵树种遍布，其中国家和省级重点保护野生植物多达50种。行走在峡谷内，怪石嵯峨，排闼而出；水声潺潺，不绝于耳。景区不仅自然风光优美，而且历史文化底蕴丰厚，春秋战国时期伟大思想家墨子曾在此居住，留下有"板房"遗址；光武帝刘秀曾在此与王莽周旋，留下众多的传说；红二十五军曾在此经过，留下了感人的故事。

▷ 洞天瀑

洞天瀑位于山门内侧，一瀑布从桥下洞中倾泻而出，轰然跌入清澈透明的湖中，别有洞天，故名。

▷ 莲花峰

莲花峰位于河道一侧，高耸的崖壁，是花岗岩纵横纹理切割形成的小型石块，有的上部平整，有的略带阴影，大小累集在一起，犹如莲花盛开在崖畔。

皇冠峰

一面弧形山崖，崖面露出的岩石齐齐方方，如六棱体的水晶排列在一起，就像一顶周边镶嵌成圈的皇冠，放置在水边，故名。

皇 千年古藤

路边一棵状如拳头粗细的木藤，弯弯曲曲爬山崖攀树枝，最后挂在一株树木上，为来往游客遮雨挡风。该藤为野葡萄藤，果实为紫色，状如蚕豆大小，味酸可酿酒。据考证，该藤藤龄500~1000年。

皇 仙桃献母

花岗岩石蛋地貌的代表。一堆乱石，最大的那块下圆上尖，还有一道组合的暗线，就像是一颗仙桃放在盘子的最上边。它和下面的石块，都是盘中的桃子。传为王母娘娘降落此地时，神牛为迎合王母，特意贡献的仙桃。

皇 神牛卧波

清澈碧绿的潭水边，一上一下卧伏着两头白牛。其中，流水从上面的牛颈项处下流，而下边的白牛则伸长脖颈卧在池中。它们在享受着峡谷潭水的清爽，显得十分惬意自在。

▷ 水文化长廊

为使游客更加亲水近水，景区在步行道上，修建了 1200 米的人工水景观文化长廊。仿树木水槽中水流潺潺，间隔一段，用葫芦、木桶等承接下泄流水，水车在水的推动下飞转，将人带到远古社会农耕文化时期，显示出古人的智慧和水对于社会生产生活的重要性。

▷ 宝塔峰

一座孤立的山峰，上下粗细一致，顶部如放置一架伞盖，巍峨高耸，就像一座宝塔耸立在崇山峻岭，气势壮观，分外显著亮眼。

▷ 莲花石

五块白色的花岗岩乱石堆放在一起，中部是整齐的方石，四周是略带弧形的条石，形成一个天然盛开的莲花。

▷ 观音送子

花岗岩石针地貌的代表。一个端庄的中年女性，怀中抱着一个幼儿，犹如神话故事里观音送子的情景。

▷ 云河瀑

上下分为两段，高约 120 米。上部从高山云雾中而来，恰似取自天上银河之水，奔腾咆哮如马尾左右摆动。落入水潭后再次腾起，垂直倒入山涧峡谷。

▷ 神牛瀑

二级斜落型瀑布，高 35 米，富水季节，水流倾泻而下，雷霆万钧，气势恢宏。因紧邻神牛峰，故名神牛瀑。

▷ 通天瀑

位处峡谷最顶端，飞流直下长约 100 米，是景区最大最长的瀑布，似是和天上银河相连，是银河之水倒灌，故名。

七、昭平湖景区

景观内涵丰富，历史文化源远流长。位于库区乡，景区总面积 55.1 平方公里，依托原昭平台水库开发建设。它横断沙河，形成了高峡平湖，水中有山，山中有水，山水相映成趣，风景奇特壮观。周围峰峦叠翠、鸟语花香，充满了诗情画意。

西汉末年，王莽篡夺大汉政权建立新朝，天下大乱，刘秀起兵讨伐，被王莽追杀至鲁山。刘秀为匡复汉室，在沙河畔、邱公城附近的山岭上筑台招兵，拜祖中兴，最终于昆阳之战大败王莽，建立东汉王朝。今招兵台山上仍有当年刘秀招兵的插旗孔、擂鼓台等遗迹。后改为"昭平台"，有平安吉祥之意。

昭平台水库于 1959 年建成，面积 40 余平方公里，控制流域 1430 平方公里，蓄水量 7.27 亿立方米，是集防洪、灌溉、发电、旅游为一体的大型人工湖。1995 年 8 月，昭平湖被批准为省级风景名胜区，2002 年被水利部命名为国家级水利风景区。

　　修建昭平台水库时大片土地淹没，唯余一个小丘——邱公城遗址。遗址为湖中一孤岛，湖中最低水位时，岛顶露出水面 15 米左右，属县级文物保护单位。邱公城，位于滍水（今沙河）与波水（今荡泽河）交汇处，是一块丘陵纵横、田地肥沃的地方。遗址面积 30 万平方米，出土有龙山和二里头文化遗物。夏代御龙氏刘累就葬在邱公城东侧，墓前有个三四尺高的石碑，上面刻着"豢龙故里，吾臣刘累之墓"几个大字。岛上散落着史前、夏、商、周、汉时期的文物，有"中原文物宝藏"之美誉。

　　为弘扬优秀民族文化，纪念刘氏先贤，刘姓始祖刘累与龙文化研究会、平顶山市刘氏宗亲联谊会自 1996 年开始筹建刘累陵园。2000 年 4 月，在史学界和鲁山县委、县政府关心支持下，刘姓始祖刘累与龙文化研究会及昭平台水库管理局在昭平湖招兵台山重修了刘累墓。2001年10月，河南省旅游局批准修建刘累陵园。建于大坝北端的刘累陵园称为刘姓始祖苑，占地面积近10万平方米，建筑面积达3.5万平方米。主要建筑有1000平方米的御龙广场、始祖大殿、世界刘氏纪念馆、世界刘氏总会馆等，整座建筑群红墙黛瓦，古朴典雅，气势恢宏。

2004年5月，第四届世界刘氏（寻根）联谊会在平顶山市举行。之后，每年的4月19日，都会在景区举行"世界刘氏后裔统一祭拜始祖累公大典"。

金山环岛

海拔202米，面积7700平方米。当年鲁阳公在此僻静处为墨子建座楼阁，供其著书立说所用，人称墨子著经阁，《墨子》一书就在这里写成。1993年在原遗址上复建了墨子著经阁。《墨子》有载，鲁阳公在此与墨子对话前后有七次，历史上著名的"止鲁攻郑"等事件就发生在这里。

杨家岭

位于大坝南端，相对高度130米，建有可覆盖200多平方公里的电视转播台。史料记载，公元918年，契丹族首领耶律阿保机屡犯中原，时常威胁北宋政权。为讨伐辽夏之犯，北宋杨家麾下名将孟良、焦赞曾在这里安营扎寨，休整兵马，后人为纪念他们，就把此山命名为杨家岭。

◈ 姑嫂石

位于金山环岛西侧水中，是一组奇特的石头，基底相连，上面生有 4 个石柱，两侧高，中间两个稍低。当地人将北侧最高的叫嫂嫂，南侧稍低的叫姑姑，中间两个矮的乃是嫂嫂的一双儿女。传说有一年洪水暴发时，姑嫂和一双儿女，手拉手相互照顾，化作这座奇异的石山。后人称其为"姑嫂石"。

游览昭平湖，游乐平台是最佳位置。平台面积 2500 平方米，采用本地优质石材构成主框架，顺地势自然延伸至水面。平台周围，精品游乐项目有飞渡、垂钓园、人工浴场、碰碰车等。跨越昭平湖，可以乘坐"飞渡"，飞渡全长 420 米，垂直高度 27 米，坐上去 40 秒可滑到对岸。还可以乘坐游艇，去湖心金山环、邱公城游览。

昭平湖，是尧山风景名胜区的经典册页。

八、楚长城

春秋时，楚国为"控霸南土，争强中国"，自公元前7世纪开始，在边境依山傍势，修筑城墙，形成了坚固的防御体系。公元前688年，楚国攻占今南召及南阳盆地诸国，在江淮分水岭筑长城。公元前678年，楚占领鲁阳，又在鲁阳北部外方山系，修筑兵防工事，以御周室及晋齐等国。由此，楚长城自南而北，形成三道屏障：第一道在江淮分水岭，第二道沿潢水沿岸构筑，第三道是外方山人工攻防体系。

楚长城是中国最早的长城，被誉为"长城之父"。西起湖北竹溪，跨汉水，辗转河南邓州，经内乡、鲁山、叶县、舞阳，

直达泌阳，拱卫郢都，总长近 500 公里，以御秦、晋、齐、韩、魏等强大邻国。

鲁山县境内楚长城遗址位于张良镇、马楼乡、瀼河乡、熊背乡、团城乡、四棵树乡、赵村镇、尧山镇，断续散居在脊岭、峰峦、沟壑间，有石砌墙基、关隘、兵营、哨台，堪称露天的博物馆。

2012 年 5 月，国家文物局认定，鲁山楚长城止于尧山。

2013 年 7 月，鲁山县、南召县、叶县、方城县、舞钢市、泌阳县、桐柏县的部分楚长城被列入第六批河南省文物保护单位。

除以上景区景点外，尧山风景名胜区内还有蝴蝶泉、珍珠潭等众多景色怡人的景点。

九、周边主要景区景点

▷ 画眉谷景区

画眉谷景区位于鲁山县尧山镇四道河村，距平顶山市 100 公里，总面积 30 平方公里，为国家 AAAA 级旅游景区。画眉谷景区以众多画眉鸟在此繁衍栖息而得名。景区地处没大岭河的南岸，景区内植被好，森林覆盖率高，山高水长，瀑潭相连，碧波荡漾，形成了少有的水域景观，以奇峰、怪石、碧潭、秀瀑、杜鹃为游人所称赞，被誉为"秀珍三峡"。丰水季节，水从大坝上飞流直下，高奏迎宾曲，欢迎各位远道而来的客人。

元宝潭　相传因一元宝落入潭中而名，潭中大圆石即为标志。

野鸭潭　位于道路右侧花岗岩河床中，因常有野鸭在此栖息而得名。潭上方水流的地方有一洞穴，名叫天井，深不见底。据说野鸭常从天井中入水，从元宝潭中浮出，当地人称它们是守护元宝潭的神鸭。

三连潭　是一处小瀑布群，三潭两瀑相连。溪水在山涧欢跳，变成无数珍珠，晶莹透亮跌入深潭。最下面的潭，上不见源头，下不知流向，谓之"源远流长"；中间的潭虽有瀑布入潭，而没有涟漪，镇定自若，故名"波澜不惊"；上面的潭，上有水流注入，下有瀑布流水，却不见潭中水动，被称为"静若处子"。

金龟出浴　金龟背山面水，趴在这里晒太阳，故名金龟出浴。这只金龟是元宝潭中守护元宝的神龟，因嫌其水冰凉，就爬到这里享受日光浴，乐不思归不愿离去，时间长久，就化作了这块巨石。下面的深潭叫墨绿潭，是金龟为洗浴隐身而施用法术，让潭水变成墨绿色。

杜鹃峡　大坝下面的峡，两侧山体之间不足一米，最窄处仅容一人通过。这是进入画眉谷的必经之路，也是过去鲁山去汝阳的唯一通道。

1980 年，当地政府经过测量和反复论证，在此修建了蓄水大坝，形成了雄伟的人工瀑布奇观，因两岸山上遍布杜鹃花，故名杜鹃峡。

　　杜鹃湖　为谷中最大的湖，因两岸山上生长着众多杜鹃花而得名。蓄水 10 万立方米，是沙河上游最大的蓄水工程，具有防洪、灌溉、人畜用水等综合功能。在此观望，山青峰险，古朴自然，蓝天碧水，相互映衬，如同点缀在画眉谷中的一颗闪耀明珠。

　　药王庙　药王洞　传说古时有一山民，靠采药为生，由于认识药材较少，一天也采不了多少药材。有次，他累了在此歇脚时，蒙眬中见一老翁对他说，只要按照他留下的花草样本去采药，准能采到很多药材。采药人从睡梦中醒来，不见老翁，却见石上放了很多种花草和山野果。他就依样上山采挖，拿到集市去卖，果然卖了很多钱。采药人以为梦中老翁是药王，就用卖药材的钱在这里建了一座庙，塑了药王像，以表纪念。当地人知道庙内供的是药王，就来这里求医拜药，非常灵验。庙南面 200 多米的山腰上有一溶洞，传说为药王所居住，人们都叫它药王洞。

红石峡　岩层上下运动断裂与流水下沏形成的石峡地貌，因花岗岩中所含的铁经氧化呈现红色而得名。峡高水长，溪水在岩石上跳跃，泉水叮咚，侧耳细听如同一首美妙的小夜曲。

红石瀑　此处绝壁是地壳运动断裂而形成，溪流从悬崖上跌落下来，落差达 30 多米，因位于红石峡，故名红石瀑。

六叠瀑　是画眉谷中最大的瀑布，是在地壳垂直运动中，因岩层断裂而形成的多级瀑布，落差 150 多米，分六级跌落，故名六叠瀑。瀑布下泄时的冲击力与凸凹不平的岩石相激，溪流变成晶莹透亮的珍珠，撒进了画眉谷。

▷ 好运谷景区

好运谷景区位于鲁山县尧山镇四道河村，尧山北麓，311 国道北 1 公里处。山谷整体长十余公里，上部为十八垛原始林区，中下部为天然次生林区。景区以奇峰怪石、飞瀑流泉、石穴洞府为主要特色。

相传古时有时运不济的村民，采金钗石斛时跌落谷中偶得宝珠，从此时来运转，由此得名好运谷。1944—1945年红军曾在此活动，留下了军民鱼水情深，共同抗日的佳话。

卧龙潭 青龙洞 天然水潭，潭水碧绿，深不见底，名曰卧龙潭。岸边10米处有一石洞，名为青龙洞。

河马石 元宝石 卧龙潭向前十余米，可见河谷中一酷似河马的石头，躺卧在水中，那拱起的嘴巴，圆圆的眼睛，惟妙惟肖。河马石正对着一块巨石，好似一块巨大的元宝，人称元宝石。

九洞峡 以峡谷石壁上有九个洞穴而得名。传说，这9个洞为天宫九位仙女贮藏宝石的地方。

好运石 九洞峡旁边，有一高2米、直径1.2米的鸭蛋形巨石，地貌学上称为球形石，在花岗岩地貌中极为罕见。因形似传说中村民所得宝珠，故名"好运石"。

蛙鼓石 九洞峡岸边的石壁上，凸出一块近 10 米高的岩石，嘴似张似合，腮鼓凸出，形似鸣叫的青蛙。传说这是一只修行数千年的神蛙，为仙女们把门守卫，久而久之，化石于此。

濂潭水帘洞 飞濂瀑 濂潭最深达 5 米，面积 200 余平方米，山环林拱，水清如镜。潭侧石壁上有石洞，有水从洞口上方洒落，形成水帘，曰水帘洞。潭之内侧，有飞瀑从高处跌落，似仙女飘飘起舞，名飞濂瀑。瀑之上半腰，有岩洞曰天井，深不可测。飞瀑与青山相辉相映，别具情趣，有诗道"爽借清风明借月，动观流水静观山"。

半月潭 凤鸣瀑 上行连环水潭。最上部的水潭，四壁围合成半月形状，名半月潭。半月潭之水，来自内侧石壁上的凤鸣瀑。飞瀑从 30 米高的断崖上跌落，上窄下宽，形似展开的凤尾；上部瀑流团团，一簇一簇，好像凤颈之羽，顶端瀑流随扭曲的岩石折回，如凤凰引颈高歌，称之为凤鸣瀑。

红军洞 谷内有一隐秘岩洞，深 6 米，高 5 米，是 1945 年当地山民藏救抗日军伤病员的洞穴之一。因抗日军战士多为爬雪山过草地的红军战士，故山民称他们为老红军，此山洞就被称为红军洞。

中国墨子文化旅游区

中国墨子文化旅游区位于尧山镇西 3 公里处，由墨子文化体验园、墨子古街、田园牧歌爱情谷、印象尧山水世界等各具特色的旅游景区组成，是集文化体验、实景演出、特色小吃、休闲度假、旅游购物、水上娱乐等功能于一体的观光体验型旅游区。墨子古街浓缩了墨子文化、农耕文化、庙会文化、餐饮文化于一体，营造了园中有院、院中有街、街中有景、景中有戏之盛况。

墨子古街　春秋战国时期建筑风格，以墨子故里深厚的墨子文化为底蕴，汇集全国各地 200 多种名吃和酒坊、醋坊、豆腐坊、辣子坊等创意工坊，让游客在逛古街、品名吃、购特产过程中感知墨子"兼爱、非攻、尚贤、节用"的文化魅力。

田园牧歌爱情谷　以尧山本地流传千古的牛郎织女爱情故事，结合中国古代爱情文化、农耕文化、民俗文化而打造的自然山水和传统文化交相辉映的观光休闲体验型景区。

印象尧山水世界　有刺激的海啸冲浪、惊险的大喇叭等各种水上娱乐项目。

▷ 阿婆寨景区

阿婆寨景区位于鲁山县观音寺乡、瓦屋镇交界处，地处伏牛山脉东麓余脉大龙山，主峰海拔 878 米，占地面积 110 平方公里，是一个集佛教禅悟、长城怀古、美景观赏、极限挑战等活动为一体的旅游景区。景区主要由阿婆寨和大雷音寺构成。

阿婆寨楚长城遗址 阿婆寨四面悬崖峭壁、地势险要、易守难攻，是历代兵家必争之地。阿婆寨的楚长城遗址环山崖大约 20 公里，墙体虽遭破坏，墙根依然保存完好，被专家誉为"长城之祖"，距今 2600 多年。

大雷音寺 始建于东汉永平十二年，即公元 69 年。据传是天竺高僧摄摩腾、竺法兰所建，史料纪录："寺成，佛祖宝像安坐之日，天降异兆，紫云密布，雷声高文，法音浩浩，有若佛祖言传身教。以闻明帝，即赐名大雷音寺。"

大雷音寺是吴承恩笔下《西游记》中大雷音寺的原型地。昔时吴承恩在新野为官，曾屡次途经访问大雷音寺。历经朝代更迭，屡遭兵火毁坏，当今的大雷音寺局部殿堂为重修而成。

五龙沟瀑布群 五龙沟位于大龙山下，全长约 3000 米，因住着观世音菩萨的坐骑金木水火土五条龙而得名。五龙沟瀑布的形态因季节而有变化，冬季山水缓缓下泻，妩媚多姿。到了夏秋，山水飞流而下，撼天动地，气势磅礴。瀑布激起的雪沫烟雾，高达百米，漫天浮游，时常出现五彩缤纷的彩虹，引人注目。

阿婆寨玻璃天桥 位于东西凤凰台之间的峭壁，全长 5109 米，高达 300 多米，是中原最长的悬崖栈道，像一条金丝玉带环绕阿婆寨山，把景区的奇峰、瀑布、山泉、怪石、洞穴、古藤、珍木、野花、绝壁、峡谷等旖旎风光连成一体，形成一线。游客行走在玻璃栈道上，如临蓬莱仙山，体验悬空刺激。

明镜台　位于五龙沟之上。因观音菩萨在此修行时，经常在台上对镜梳妆而得名。禅诗曰："菩提本无树，明镜亦非台。本来无一物，何处染尘埃。"明镜台的石面上，现在还可以看到观音菩萨梳妆时放置梳子、铜镜和金簪的印迹。

观音洞　位于明镜台下，洞口高约 3 米，宽约 2 米，洞深 300 米左右。因观世音菩萨在此洞修行，故名观音洞。观音洞景点是阿婆寨景区重要景点之一，洞中藏洞、幽古生辉，冬暖夏凉、百虫不扰。观音洞是历代百姓求财祈福之圣地，被誉为"洞天福地"。

高山花海　海拔 800 米以上，紫薇花连片成海，各种野花与紫薇花竞相开放，相映生辉，充满诗情画意。

◇ 十八垛景区

十八垛景区位于尧山镇桃林村，面积约 60 平方公里，海拔 1200～1600 米，由羚羊垛、仙人垛、獐子垛、莲花垛、水晶垛、姊妹垛、楚城垛、金鸡垛、石猴垛、长寿垛、天门城垛、辣椒垛、鬼门垛、凤尾垛、葵花垛、一线垛、天幕垛、松风垛十八座山峰组成。

十八垛景区山脊狭窄峻峭，呈向上突起的孤峰状，其间河谷多为"U"形谷。主要景点有：

牛角石 在桃林东沟山上有个牛角岭，山上两块石头并排而立酷似牛角，称牛角石。牛角石下边有一块蘑菇形的石头，酷似牛铃铛。

美女瀑 瀑高 100 多米，飞珠溅玉，顺着陡峭的石壁，轻轻柔柔、散散合合落下。石壁酷似两个美女，身姿妙曼，舞动银纱。

桃林河 发源于鲁山与汝阳交界处的桃林，中途汇聚众多支流，全长 3 公里，沿岸风光美不胜收。有葫芦潭、勺子潭、莲竹潭、天然石盆、王母潭等景点。

黑龙潭 桃林河流到此处，河流骤然跌落，从 10 米高的地方倒挂下来，坠入黑龙潭，面积约 600 平方米。

黑龙潭瀑布 落差 50 米，水击崖鸣，如雷贯耳，飞瀑似注，腾雾现虹。

凤凰山 在两个瀑布之间，因山形似凤凰而得名。

第二章

古风濡染 人文尧山

尧山，人文荟萃。
一山一石见历史，一草一木有故事，
一砖一瓦皆传奇。
山水之间，洋溢着清新的人文气息，
几分浪漫，几分神秘。
徜徉水岸，漫步山巅，
不经意间，走进奇妙的故事里。

第一节 尧山文化 内涵丰厚

一代贤哲爱无涯，高山仰止尧文化。

历代诸多文献，记载尧山与尧文化关系密切。

尧山是尧部落的祖居地和初居地。

尧文化，确立了尧山的历史地位。

一、山水溯古 史册留名

《大戴礼记·帝系》记载，黄帝的主要子部落"青阳降居于泜水"。泜水即潩水，发源于尧山，今鲁山之沙河。

夏代，尧之裔孙刘累迁居于鲁，在尧山建尧祠，使尧之精神世代相传。

尧文化作为尧山文化的精髓，印证出尧山地区是中华文明发祥地之一。

后世代传承，形成了深厚的历史文化积淀。

关于尧山，史书多有记载。

上古地理名著《山海经》之《中山经》："大尧之山，其木多松、柏，多梓、桑；其草多竹；其兽多豹、虎、鹿、兔。"

《汉书·地理志》："鲁阳尧山，滍水所出。"

《后汉书·郡国志》："鲁阳有鲁山，有尧山，封刘累，立尧祠。"又云："鲁阳有累亭。"

东汉张衡《南都赋》："夫南阳者，真所谓汉之旧郡者也。远世则刘后甘厥龙醢，视鲁县而来迁，奉先帝而追孝，立唐祀乎尧山。固灵根于夏叶，终三代而始蕃。"

东汉许慎《说文解字》解"滍"字："滍水出南阳鲁阳（历史上鲁山长期属南阳郡）尧山东北，入汝。从水，蚩声。"

北魏郦道元《水经注·滍水》："尧之孙刘累以龙食帝孔甲，孔甲又求之，不得，累惧而迁于鲁县，立尧祠于西山，谓之尧山。"《水经注》又载：滍水出南阳鲁阳尧山东北。

唐《难元庆墓志铭》："君子所居，贤人之里，鲁阳挥戈，唐尧立祀。"

北宋《元丰九域志》："汝州鲁山县有尧山、滍水。"（自唐以后，鲁山属汝州辖）

宋《路史·国名纪四》："鲁，御龙邑，鲁阳国，夏鲁阳县。今汝之鲁山有鲁阳关，有大龙山、尧山，今曰大陌山，因累立尧祠……有鲁阳公墓、豢龙城。"

《水经》云："尧裔孙刘累迁此，故立尧祠于山焉。"

《太平寰宇记》："尧山俗名大陌山。"

《金史·地理志》："汝州鲁山县有尧山。"

《读史方舆纪要》："尧山在县西四十里，夏孔甲时，刘累迁鲁，立尧祠于山上，因名。"

二、蚩尤族裔　垦植滍水

滍水今名沙河，发源于尧山东麓，自西向东流经鲁山县、宝丰县、平顶山市区、叶县，在襄城县丁营乡与北汝河交汇，后注入淮河。

三国魏人著《水经》："滍水，出南阳鲁阳县西之尧山，东北过颍川定陵县西北，又东过郾县南，东入于汝。"

《后汉书·光武帝纪》引《水经》："滍水出南阳鲁阳县西尧山，迳昆阳城北、东入汝。"

郦道元《水经注》有《滍水》篇，详细叙述了滍水源于尧山，东流有温泉水注之。

《水经》记载全国河流137条，郦道元《水经注》释注河流1252条，唯鲁山这条沙河古称滍水。

清《水道提纲》："沙河即古滍水，俗名沙水。源于鲁山县境之尧山，曰没大岭。"

刘均仁《中国地名大词典》："滍水今名沙河。源出河南省鲁山县伏牛山北。"

《春秋地名考》："泜水即滍水也，盖音同而字异耳。"

杨伯峻《春秋左传注》："泜水即滍水，今名沙河。源出鲁山县西没大岭。"

"滍"者，水旁虫也。著名历史学家、考古学家孙作云（1912—1978）考证蚩尤部族以蛇为图腾，蛇即小龙，蚩尤之故墟就在鲁山滍水一带。孙作云《蚩尤考》："余考河南鲁山县有滍水，古称沘水，今称沙河，愚意此即蚩尤族栖至之故地……滍水之得名，古今无说。余以为地名之来源，多由于居斯土之民族而得称。滍水之得名，想由蚩尤之族而来，蚩尤之族居此流域，故后人称此水曰滍水。滍字从水从蚩，蚩字即为蚩尤之蚩（蛇），固勿论矣。《汉志》言'古鲁县，御龙氏所居，尧山，滍水所出'，似鲁县与滍水之得名，皆由龙起。"

当年，蚩尤部族壮大后，遂脱离炎帝部族，长驱直入山东济水流域，收服当地众多土著氏族，迅速发展成具有81个部落的九黎部落联盟。蚩尤被选为联盟首领。这81个部落的酋长个个神勇，能征善战。蚩尤亦被誉为战神，曾一度与黄帝、炎帝形成三足鼎立之势。

后来，九黎联盟极少部分远迁贵州山区，形成以蚩尤为祖先的苗、瑶、黎等民族。之后，经长期繁衍，形成了更多姓氏，使中华民族日趋壮大。

三、帝尧古祠 就日瞻云

尧山尧祠，最早为夏朝刘累所建，其位置在尧山主峰玉皇顶。依山就势，坐西朝东。据史料记载：尧祠前有上柱三门的牌楼，中门额书"古尧帝祠"四个大字。两侧门额，一为"就日"，一为"瞻云"，取自《史记·五帝本纪》："帝尧者，放勋。其仁如天，其知如神；就之如日，望之如云。""就日"谓尧帝之德如阳光普照大地，天下人皆依就于他；"瞻云"谓尧帝之德如祥云之福佑百姓，天下人仰望。过牌楼，两侧为东西廊坊，正面是五凤楼。五凤楼高 6 丈，三重 12 檐，雄浑壮观。

相传，当年尧帝常同四位长老大臣共商国是，人们将四位大臣喻为四只凤凰。尧帝则是凤中之王，故名"五凤楼"。五凤楼后面是尧井亭，亭子中央有水井，名尧井，山高水高，水势畅旺，传说水井是尧帝和他的大臣们开凿的。尧井后是广运殿，乃尧祠主体建筑，高 9 丈。殿外有廊柱 76 根，与殿墙形成回廊。殿内有顶立柱 12 根，正中神龛内供奉尧帝坐像，高 6 尺 6 寸，两侧分立四位大臣塑像。

自夏朝刘累建尧祠后，商、周、汉、唐均有修葺。五代年间毁于山火。宋朝为祭祀方便，尧祠移建于县城西北 30 里眠凤岭，元、明、清三代都曾修葺，只是规模稍小，至今仍存。因此，眠凤山也叫小尧山。

四、雅称别号 绘景传神

尧山的别称，可分三类：

一类是对尧山自然特征的直观表述，如石人山、大盂山、大陌山等。

一类由刘累立尧祠祭尧生发而来，如还归山、大龙山等。

一类乃尧山本名所衍生，如天息山等。

第一类：

石人山　尧山上众多石峰，酷似人形，因此称石人山。

大盂山　清《汝州志》载："大盂山在鲁山县西百五十里，山顶低洼，四周若城，故称。""四周若城"者，指民间所说的白牛城。盂为周边陡立，中空底平的器皿。站在尧山青龙背下望白牛城，四周山体陡峭，中间凹平，俨然一座城池，用大盂来形容，十分贴切。

大陌山　陌，古语小道。大陌者，大一点的小道。尧山山体向左，延伸处有一山垭，自古为滍水上游通向汝水上游的捷径，即今311国道所经过风楼处。尧山因而被称作大陌山。

第二类：

还归山　刘累乃尧之裔孙，带着族人回到先祖尧的初居地，因此尧山称还归山。

大龙山　《太平寰宇记》："尧山，俗名大陌山。《水经注》云：'尧孙刘累迁此，故立尧祠于西山焉。'今山亦号大龙山，因扰龙见称。""扰"为驯育之意，刘累善扰龙，被夏帝孔甲赐号御龙氏。大龙山，由刘累善扰龙而得名。

第三类：

天息山　《元和郡县志》载："鲁山县西一百五十里天息山亦名伏牛山。"天息，有天子休息之意，因尧帝曾在此歇息驻足，后人为纪念他，遂称尧山"天息山"。

五、神秘岩画　远古图腾

下坪古岩画　尧山镇下坪村公路北侧，有一花岗岩巨石，上刻似文似画的图案。其主体部分为鸟、羊、鱼、犬等象形动物，东西两头分别为"王"字和石斧。

从南面看，岩画整体又像一篆字"舜"。据专家考证，这幅岩画体现的是尧舜禹时期先民们的驯养、渔猎生活。

光石垴古岩画　尧山南部，光石垴山石壁上，刻有 9 条线条简单、清晰的大鱼图案，是远古人类在此活动的佐证。

史学家范文澜研究认为，尧舜禹三帝，当生活在新石器时代。这个时代，已经有先进的工具，可刻凿细致的石器和古画。人们也已学会渔猎，且出现了畜牧业，许多野生动物被驯化为家养禽畜，人类利用自然、改造自然的能力正在提高。

日月地龙画　位于昭平湖南沿。平时淹没在湖水中，湖水降至海拔 160 米以下，才能露出。这条刻在石上的龙，头东尾西，身长 32 米。头型似蛇头，亦如鳄鱼。头上有冠，四条腿姿势不同，全身蜿蜒起伏，尾巴像鲤鱼，扇状，剪刀形，若奔象走马，拱出四个连续的弧线，极富动感。龙身下面，有一白色土质太阳，略呈椭圆，长径 4 米，短径 3.8 米。龙头东侧偏北处，有一白色月亮造型，月牙长径 10 米，中间有枣核形人，整体如渔姑乘舟，亦酷似一个"山"字。人称日月地龙。

这幅岩画从总体上看，禽冠、兽腿、蛇身、鱼尾，兼具禽、兽、虫、鱼特征，描述了鳄鱼龙向蟒蛇龙的转化过程。

现场出土文物以春秋战国时期居多，尤以绳纹灰陶罐最为典型。

龙头东北 2000 米处，即位于昭平湖中的邱公城岛。

邱公城，鲁山最早的城池聚落遗址，积淀着仰韶、龙山至汉代的多层文化遗址。邱公城南一里许，有墨子城遗址。

岩画出现在豢龙故里，尧山龙文化与刘累文化、墨子文化在此汇聚碰撞，激荡出浓郁的历史人文气息，可谓难得的钟灵毓秀之境。

第二节　唐尧文化　根出炎黄

帝莫陶唐盛，巍巍冠百王。

德于天并运，道合地无疆。

圣学传千古，钦明照万方。

有生穷宇宙，孰不戴休光。

因帝尧而名，因刘累而传。

一程山水，古韵遗风。

一、先圣祖居　帝尧驻跸

尧山，因帝尧而名；尧山，因刘累而传。

帝尧曾在尧山驻跸，后人遂把尧山叫作天息山。想当年，刘累从夏都迁鲁，就不怕孔甲追捕吗？他何不隐名埋姓、远走高飞，偏要到距之不远的鲁地，还大张旗鼓，建尧庙、立尧祠呢？

其所恃者，根基也。

尧山地区是尧部落的祖居地和初居地。《大戴礼记·帝系》

记载，黄帝的主要子部落"青阳降居于泜水"。尧部落是青阳部落繁衍出来的孙部落。尧之得姓，源于尧初生时，其母寄于伊长孺之家。尧姓中的"伊"因伊水而得。伊水源于尧山余脉蔓渠山，位于尧山之西。此地为尧生前重要活动地域。刘累为尧之裔孙，裔孙奉祖，天经地义。刘累来鲁奉祀其祖，当可避免罪责。

二、古圣帝尧　功业卓著

尧是我国最早君临天下的帝王，功业卓著，在上古五帝中，被尊为古圣。

尧帝，姓伊祁，名放勋，祖居、初居在尧山，生活于古冀州（今山西临汾一带），先后被封为陶侯和唐侯。古时人们以地姓氏，所以又称他为陶唐氏。在那"十日并出"、万国争雄的乱世，尧联合友邦，征讨四夷，统一了华夏诸族，被推举为部落联盟首领。他16岁登帝位，在位70年，后将帝位传给舜。舜晚年亦效仿尧，让位于禹。尧舜皆为圣帝，他们主政时期心怀天下，功绩显著。

制定历法　炎黄时，先祖们虽开始告别狩猎，进入原始农业，但对天地、自然、四时缺乏正确认知，时常因掌握不准物候，致使寒霜侵杀禾苗，颗粒无收。据《尚书·尧典》记载，尧帝命羲氏与和氏遵循天数，推算日月星辰运行的规律，制定历法，以便人们从事生产和生活。

兴修水利　《史记》记载，尧帝统领天下，曾遇到过两次大灾。一次是水患，一次是旱灾。水祸肆横，"汤汤洪水方割，荡荡怀山襄陵；浩浩滔天"。"洪水横流，泛滥天下。"尧先命鲧治水，鲧用堵塞之法，9年时间，毫无成效。尧又命鲧的儿子禹治水。禹躬行山川大泽，摸清水流脉络，采用疏导之法，理顺江河沟渠，使肆虐的洪水畅流入海。大禹治水，三过家门而不入，成千载美谈。大旱之时，尧发现了水井的妙用，发动子民，凿井灌田，解除旱灾。

德教文明　尧以仁德教化天下。他"慎厥身，修思永"，追求长治久安。以"父义、母慈、兄友、弟恭、子孝"五德，来规范家庭伦理，使父子有亲，君臣有义，夫妇有别，长幼有序，朋友有信，顺天则，行地道，理顺各种关系。教育人们重视生产，以求安居乐业。

统一体制　"中国"之概念，最早形成于尧、舜、禹时期。黄帝时，一度创造了统一的部落联盟。黄帝之后，盟主更迭，时治时乱。中原大地，曾邦国林立，各自称雄。尧继位后，重新统一，宾服四夷，平治水土，划为九州岛，形成"中国"雏形。当时以帝都为中国，以冀州为中国之号。《尧典》记载，尧治理天下，协和万邦，理顺了各诸侯国的关系。

"慎刑"仁爱　《尚书·尧典》载："象以典型，流宥五刑。"五刑，一般解释为墨刑（刺脸）、劓刑（割鼻）、刖刑（残足）、宫刑（去势）、大辟刑（杀头）。象刑，就是象征性地惩罚。应当处以墨刑的，让他蒙上黑头巾；犯劓刑的，让他戴上插有一束草缨的帽子；该处以刖刑的，只许他穿麻做的鞋子等。尧主张"慎刑"，即用刑纠民，不求民死，但求民知耻改过。

实行禅让 尧的父亲帝喾执政时间很长，死后把帝位传给尧的兄长挚，挚因政令乏明，不久禅位于尧。尧最后并没传位给自己的儿子丹朱，而是把帝位传给了百姓爱戴、有贤有德的舜，创立了禅让制。尧帝发扬民主，选贤任能的用人制度，对现实社会具有重要的借鉴意义。

三、贤君圣德 和合万邦

尧，乃文明始祖，圣德贤君。司马迁赞曰："其仁如天，其知如神，就之如日，望之如云，富而不骄，贵而不舒……"孔子赞曰："大哉，尧之为君也，巍巍乎！惟天为大，惟尧则之。"也就是说，尧帝在仁德、智慧、行为等方面，都为人表率。

仁爱之德 《说苑·君道》记载尧的圣君形象："百姓有罪，在予一人。"他见到衣衫褴褛的穷苦人，就惭愧地说：这是由于我没有治理好国家，才使你们饿肚子穿破衣服呀！见到因犯便自责：这是因为我教化不好，才使你们犯罪的呀！当舜问尧"天下的用心"时，尧说：对求告无门的人不傲慢，对穷苦人要帮助，悲悯死者，喜爱孩子而同情妇女。尧的仁爱为舜、禹做出了榜样，舜、禹主政时，发扬光大了这种理念和美德。

民主之风 尧喜欢征求众人的意见，用人也让大家推荐，因此，"上下同心，君臣揖睦"。尤其是"尧设诽谤之木于四达之衢"，百姓无论有什么意见，都可以畅所欲言，做到下情上达，政通人和。

俭朴之品 古往今来，不知有多少史书歌颂尧的俭朴，尧屋顶上的草不要别人修剪，坐的车子不绣彩绘画，喝的羹汤不掺和面粉，吃的粮食不精细研磨。

勤勉之道 尧、舜、禹为政，凡事勤勉躬行。尧，遍历五湖四海，施行教化；舜，勤于劳作，善事农耕；禹，更为天下人称道，治理洪水，三过家门而不入，辛劳十三载，直到洪水平息，天下安定。

第三节 天降墨翟 百工圣祖

墨家本兼爱，解厄消灾承天意；

圣人原慈悲，扶贫济困泽黎民。

放踵走天涯，摩顶归故里。

心忧苍生著墨辩，圣迹遍布鲁阳地。

尧山，诞生和养育了墨子，

墨子，兼爱天下，兴利万民。

一、鲁阳布衣 平民圣人

墨子（前480—前389），姓墨名翟，出生于尧山脚下。他所创立的墨家学说，与儒学并称"显学"，是人类文化史上的一座丰碑。墨子所处的战国时代，烽烟四起，民不聊生。身为布衣书生，他在自己的学说中倡导和平、反对战争，主张兼爱、非攻、尚贤、尚同、节用、节葬。他学富五车却自称"鄙人"，终生与农桑工肆之人为伍，他集思想家、哲学家、战略家、科学家为一身。他的学说除《墨子》外，散见于《庄子》《晏子

春秋》《韩非子》《吕氏春秋》《淮南子》《列子》《战国策》
《渚宫旧事》《神仙传》等典籍，至今被珍藏于世界各地。

　　《墨子》一书，是墨子与其弟子和后学所编，为墨家的著作
总集，多由墨子亲著或口授，也有墨子弟子整理记录，后世从
学者又有增删。《汉书·艺文志》辑录 71 篇，今传 53 篇，散佚
18 篇。

　　在诸子百家中，墨子最具草根性。他为平民代言，是平民
圣人。

　　墨子身列"农与工肆"，自称"北方之鄙人也"。自谓"上
无君上之事，下无耕农之难"。

　　由于一贯的平民情怀和布衣本色，墨子养成了注重节俭、
劳身苦志的品性。"量腹而食，度身而衣"，吃"藜藿之羹"，
穿"短褐之衣"。

　　墨子博览古书，通六艺之论。他到各地游说，车里都会带

很多书。"墨子学儒者之业，受孔子之术，以为其礼烦扰而不说，厚葬靡财而贫民，服伤生而害事，故背周道而用夏道"。（《淮南子·要略》）墨子有十大思想主张。他提倡"天下之人皆相爱，强不执弱，众不劫寡，富不侮贫，贵不傲贱，诈不欺愚"，形成与儒学并称"显学"的墨家学派。

墨子成年后四处游历，宣传自己的思想主张。其足迹所至，涉齐、鲁、宋、卫、楚等。他以"为万民兴利除害"为使命，游说诸侯，谋求制战，安定社会与民生。最著名的，有"止楚攻宋""止鲁阳文君攻郑""止齐伐鲁"等。

墨子人格伟大而高尚，为贫民立言，是个实践家、行动家。

墨子喜欢活动，积极进取，情感激烈，意志坚定，认准目标，不畏艰苦，不怕牺牲。他大胆尝试，双手灵活，善于用脑，善于辩论。

墨子把"兴天下之利，除天下之弊"作为自己一生奔走的目标。他勇于自我牺牲，具有强烈的社会责任感。

二、文化巨擘　思想大家

墨子有许多桂冠，诸如思想家、哲学家、教育家、政治家、军事家、科学家、纵横家、发明家、逻辑学家、社会活动家等。

他是中华文化的巨擘。中国历史几千年，几无出其右者。

墨子思想博大精深，被尊为科圣。在几何学、光学、力学、天文学及机械制造上贡献巨大。照相机的发明源于其小孔成像原理，仿生类机器人源于其制作的木鸢、滑轮等，我国量子科学实验卫星被命名为"墨子"号。

墨子有思想，有主张。其思想主张不是利己，而是利人。

墨子宣扬的"兼爱、非攻、尚贤、尚同、节用、节葬、非乐、天志、明鬼、非命"十大思想，时至今日，仍具有深刻的现实意义。

兼爱·非攻·人本思想·科学理念　兼爱是墨子思想的核心。墨子倡导人与人、国与国间应"兼相爱，交相利"，要"视人之国若视其国，视人之家若视其家，视人之身若视其身"。他倡导的兼爱，是社会个体与群体间平等彻底的爱。墨子的非攻，就是你不要攻打我，我也不侵略你，大家和平相处。墨子反对一切非正义的战争，但对防御战，墨子是支持的。

尚贤·贤人思想·人才战略　墨子倡导打破等级，唯贤是举。主张"举义不避亲疏""举义不避远近""举义不避贫贱"，"官无常贵，民无终贱，有能则举之，无能则下之"。对待贤人，要"富之，贵之，敬之，誉之"，给人才以应有地位。在选拔人才时，要"举公义，避私怨"，"以官服事，以劳殿赏，量弓而分禄"。

尚同·民主思想·人民民主　这个主张，贯穿兼爱与尚贤两大思想。墨子认为，"天下之乱，若禽兽然"。社会之所以产生混乱，皆因"无政长""人异义"所致。他主张，一国之人要统一于国君，天下之人要统一于天子，根本上是"上同于天"，兼爱天下。他主张加强沟通，要上情下达，广开言路，建立纳谏、赏罚制度，做到政令统一。

节用·节葬·节约思想·节约社会　节用、节葬，其核心是节约财物，反对浪费。这与我们现阶段的节约理念完全一致。

非命·科学思想·创新管理 这是墨子充满奋斗精神的人生哲学。他反对儒家"生死有命，富贵在天"的宿命观。认为富贵贫贱、国家治乱，不是天生的、命定的，而是由于努力或不努力的结果。墨子倡导一种积极有为的人生态度，希望人们发现并运用自身的力量，把命运掌握在自己手中。

三、华夏载誉 厥功至伟

自古以来，对墨子的评说与赞誉不胜枚举。

庄子："不侈于后世，不靡于万物，不晖于数度，以绳墨自矫，而备世之急。古之道术有在于世者……墨子真天下之好也，将求之不得也，虽枯槁不舍也，才士也夫！"

孟子："墨子兼爱，摩顶放踵利天下，为之。"

荀子："墨子昭昭然，为天下忧不足。"

墨家弟子："天下无人，墨子之言犹在。"

《吕氏春秋·当染篇》："墨子无爵位以显人，无赏禄以利人。但其'盛誉流于北方，义声振于楚越'。"

《韩非子·显学》："世之显学，儒墨也。"

曹操："侈恶之大，俭为共德。兼爱尚同，疏者为戚。"

曹雪芹："孔子是先者，墨子是圣人。"

曾国藩："吾学以老庄为体，以禹墨为用。"

章太炎："墨子之道德，非孔老所敢窥视。"

孙中山："古时候最讲'爱'字的莫过于墨子，墨子所讲的兼爱与耶稣所讲的博爱是一样的。"

蔡元培："先秦唯墨子颇治科学。""墨学中断使中国科学不得发达。"

梁启超："墨子是劳动人民的大圣人。"

鲁迅："墨子是中国的脊梁，传奇式的伟大英雄。"

杨向奎："墨子在自然学上的成就，绝不低于古希腊的科学家和哲学家，甚至高于他们。他个人的成就，就等于整个希腊。"

四、墨子所系　根在西鲁

习于儒，胜于儒，经纶熠熠，固有显学之谓。

生自鲁，成自鲁，史迹凿凿，原无里籍之争。

国人爱探究根底，究的是里籍。

最先定论墨子里籍的，是东汉文献注释学家高诱。他为《吕氏春秋》作注，在《当染》《慎大览》篇云："墨子名翟，鲁人也。"

南宋史学家罗泌博采各种典籍，撰《路史》47卷，在其《路名记》中，对高诱的"鲁人"解释曰："鲁，汝之鲁山，非兖（兖 yǎn，地名，在山东省）地。"

到了清代，方志学家毕沅，在所作《墨子叙·注》中再作说明："高诱注《吕氏春秋》以为'鲁'人，则是汉南阳县，在鲁山之阳，本书多有鲁阳文君问答，又亟称楚四境，非鲁卫之鲁，不可不察也。"

清代考据家武亿，作了更进一步的阐释，在《跋墨子》和《鲁山县志》中写道："《吕氏春秋·慎大览》高诱注'墨子名翟，鲁人也。'鲁，即鲁阳，春秋时属楚。古人于地名两字或单举一字，是其例也。"

嘉庆元年（公元 1796 年），武亿将墨子正式记录在他主纂的《鲁山县志》集传篇。又在艺文志篇中，详细论证了《墨子》一书的版本源流，录载了毕沅的《墨子叙》。武亿原籍山东聊城，后迁河南偃师，曾任山东博山知县。他精通经史，主修过多部县志。

1982 年 8 月，河南省《中州学刊》第 4 期，刊载了时任山东社会科学院院长刘蔚华的文章《墨子是河南鲁山人——兼论东鲁与西鲁的关系》，详细论证了墨子里籍在西鲁，即鲁山。该文被收入 1994 年版新编《鲁山县志》。

五、遗址遗迹　遍及山野

有关墨子文化的遗址遗存遍布鲁山，根据文物部门考察，鲁山境内，近 10 个乡镇有墨子的遗址遗存 20 多处。大部分为县级文物保护单位，少部分为市级文物保护单位。

尧山镇　在尧山景区东入口、尧山镇西竹园村相家沟，有一背山依水、俨若凤羽般的山岭，石壁上镌刻着"尧山凤岭"四个大字。尧山即石人山，凤岭取其山势如凤鸟展翼之意。此地是墨子降生的地方，立有石碑一座，系河南省原副省长、中国地方志指导小组成员、河南省地方史志编纂委员会主任邵文杰亲笔书丹："墨子故里"。凤岭之上，矗立一座大型墨子塑像，他面朝东南，手握书简，双目炯炯，遥视远方，流露出平民思想家的兼爱天下和忧国忧民之情。

墨子祠，一在尧山街西路南，一在尧山镇西竹园村南，均为祭祀墨子之祠；墨庙村，在尧山镇，原有墨子庙，为墨子出生地；墨子故居，在西竹园相家沟村；墨子古街，在尧山镇西约5里，墨子曾居住于此。古街内有墨公祠；教子沟，在尧山村南，为墨子青少年时读书之地；另外，镇域内还有"拢子沟""乖子沟"，为墨子接受长者教育的地方，"竹园沟""三里坡"，为墨子童年砍柴玩耍的地方；"言庄""小言庄"，为墨子与朋友聚会言讲之处；"后坑"，为墨子发明坑染的地方；"粉坊沟"，为墨子研制食品的地方；"捂窑"，墨子在此烧木炭；"金沙沟""银洞沟"，有说墨子在此提炼金属；"黑隐沟""灯盏洼""隐杰沟"，为墨子晚年隐居之处。

墨庙村附近，有墨子后学三支之一相里氏后裔，他们追随墨子遗踪，分散居住在多个村落。

民国初，尧山镇有石碑一通，高约1.7米，宽0.7米，上额圆头，饰龙凤呈祥图案，中刻"墨子故里"。该碑1935年尚存，后扩街修路时拆掉。

赵村镇　灵凤坡，在中汤村，是墨子外婆家。墨子坊，在中汤村西，墨子发明坑染的作坊，今为祭祀墨子之地。晒布崖，在中汤村，为墨子教授染布的晒布处。墨莲池，在中汤村，为墨子种莲藕处。墨子城，在中汤村，为墨子练兵习武处。墨子崖，在三岔口村红佛寺，为墨子避居处。墨子洞，在三岔口村红佛寺，为墨子隐居处。

团城乡　墨子祠，在大石垛山顶，为祭祀墨子之地。祠内墙壁上绘有楚王止攻图、天神赠宝图。

四棵树乡　棋盘山棋盘石，为墨子、鲁班对弈处。文殊寺，寺院内有复制的墨鲁棋盘山对弈图；墨灵学馆，在土楼村，为墨子授徒传武之所。

辛集乡　穷爷庙（墨爷庙），在徐营村，附近村民敬奉墨子为穷爷。墨子井，在辛集乡龙鼻村，为墨子开凿并使用过的古井。

瀼河乡　风筝山、放鸢塔，为墨子、鲁班比赛放风筝处。茅山遗址，在黑石头西，为墨子聚徒学艺处。

熊背乡　茅山道院，在风筝山北侧的西茅山，是墨子收徒讲学之所。土掉沟村、黑隐寺村为墨子老年隐居处。墨子洞，在黑隐寺村，为墨子老年居所。1993 年，村民挖矿石，发现"墨子洞"，随即由文物部门抢救整理。该洞文化遗存涵盖夏商周至秦汉时期，洞中文物以陶器为主，兼少量磨光石器、铜器、铁器、瓷器等。陶器的种类有罐、瓮、盂、盆、豆等，皆上古文物，与墨子生活年代和传说隐居之所一致。

库区乡　墨子著经阁，在昭平湖金山环岛，为墨子晚年隐居著《墨经》处。

张店乡　黑山庙，在张店乡郭庄村，墨子带兵在此为鲁阳公解围，击退韩兵。成语"鲁阳挥戈、日返三舍"即出于此地。

这些文化遗迹，彰显了鲁山人民对墨子的敬仰之情，使得墨子文化在鲁山经久不息地传承延续。

墨子的工匠精神影响深远，传承至今，在其故里尧山镇，修建滑（栈）道，就兴起了一个大产业。

尧山景区开发之初，为有效解决游客下山难问题，工匠们依照幼儿园滑梯的原理，就地取材，摸索尝试，修建了一条长2800米的花岗岩滑道，时称"天下第一滑"。滑道建成后，游客坐滑道下山，耳边山风、眼前云雾，两侧青岩绿树一闪而过，新奇有趣，男女老幼，争相尝试，为游客提供了下山便利，为游玩增添了无限乐趣，也为景区带来了非常可观的效益。有识之士看到了商机，外出考察各类景区的实际需求，从推广花岗岩滑道入手，不断改造创新，很快成就了一支从设计到修建的专业队伍。他们秉承一丝不苟、精益求精的工匠精神，争速度，保质量，在大理石滑道、玻璃滑道、玻璃栈道、玻璃吊桥，以及丛林穿越、时光隧道等系列体验项目的修建中，形成了独树一帜的产业模式。目前，尧山镇从事相关产业的公司近500家，从业人数超过2万人，年收入在30亿元以上。据统计，目前全国90%以上的景区滑道、栈道、玻璃吊桥等体验项目，都是由尧山人参与投资建设或管理运营的，有公司还将项目拓展到了国外。我国玻璃栈道的行业标准，也是尧山人参与制定的。这是墨子工匠精神在新时代传承与创新发展的成果。

六、溪山有藏 精研苦读

教子沟，是尧山村南墨子岭中的一条山沟。

墨子岭不大，海拔约 600 米，方圆 6 平方公里，形如卧龙。苍郁葱茏，环裹着尧山镇，这里是墨子读经习典的地方。

《左传》有载："召伯盈逐王子朝，王子朝及召氏之族、毛伯得、尹氏固、南宫嚚奉周之典籍以奔楚。"

公元前 520 年，周景王驾崩。王子姬猛、次子姬朝、三子姬匄三人争夺王位，姬朝占城东，称"东王"；姬匄占城西，称"西王"。后姬匄借晋兵打败姬朝，姬朝便带领旧臣、百工，挟周朝典籍文献，出洛阳奔楚国而去，这便是历史上有名的王子朝奔楚，奔的就是楚之北陲尧山。王子朝等人因见这座边陲小镇山清水秀，安静宜人，就在这里住了下来，且选择沟壑清幽处开办学堂，传道授业。

东周时期，周与楚是并存的王朝。在东周列国中，除了周人称王之外，唯有楚王问鼎并自称为王。楚与周互为敌国，时有征伐；王子朝兵败，不得已奔楚，为的是暂屈人下，保存实力，待机东山再起。

王子朝一行，既有王室成员、世袭贵族，也有管理周王室图书档案的官吏、学者，所携周室典籍，包括前朝（商、夏及更早）文献、文物、周代列王诰命文书、各诸侯方国的奏章及报表等。

这些宝典，可证明他是周王室的合法继承人。

然而，在王子朝奔楚之际，楚平王死，楚国也动荡不安。种种迹象表明，王子朝一行，并未到达楚都，而是滞留在尧山隐居，没能把周室典籍送交给楚国君臣，而是妥善地保留在自己手中。

王子朝所带百工，皆为各领域杰出人物，胸有百科智慧，手握救世绝技，所教学子，名扬天下。其间培育出了如庄子、鲁班等诸多名人。这其中，亦有布衣圣人墨子。

正是因为墨子等先贤曾在此苦读，后人称此沟为教子沟。

沟内现存师爷庙遗址，为昔日传道老师的安寝处。有依山势落差垒砌的石堰，耕读相兼，后人就把这座山称为墨子岭。

七、民间习俗　代代承传

悠悠千载，家家不忘墨家祖；赫赫先哲，尧山祭念故里人。

农耕时代，鲁山广大山区，曾有"成义堂""劝善居"等民间组织，他们敬奉墨子，讲究仁爱，纪律严明，互帮互助，传承墨侠之风。例如"成义堂"，奉敬墨子牌位，饭前供奠，再由领班讲一段经书，大家跟着背诵，中规中矩。

鲁山人重仁重义，这是墨子行侠仗义、兼爱天下精神的传承。

鲁山境内建有墨子雕像7座，墨子祠、坊、庙13处，皆塑有墨子像，当地百姓常去祭拜。

农历九月初八，是墨子生日。尧山镇相家沟、墨子古街、赵村镇中汤村等多地的群众，每年都会自发集会给墨子庆生，祭祀墨子塑像，哼唱坑布谣："坑，坑，坑衣裳，黑泥捏个墨子王。披头发，大脸膛，橡壳眼，高鼻梁。一身黑衣明晃晃，皂角大刀别腰上。一双赤脚奔走忙，肩上挎个万宝囊。野鸡翎长得花，天下污浊一扫光。"

鲁山人家爱穿黑衣，源于"墨子法夏，着黑衣"的习俗。

民国年间，鲁山县城还开设白衣堂，倡导节俭节葬，秉承的是墨子"节葬"思想。

鲁山又有下"格格棋"古风，棋语用"占攻""推攻"，和墨子、鲁班在棋盘山棋盘石下棋，推演止楚攻宋的棋局相似。

从平民到圣人，少不了传说故事。墨子的故事涉其出生、宦迹、隐居、归葬，既有教授弟子生产技艺的，又有归隐著书立说的；既有与鲁班交往，两人对弈、合力抽银杏树板、比巧放风筝的，又有周游列国，推行兼爱非攻学说的。墨子在世时，曾为鲁阳文君重用，文君多次问道问计于墨子，抗拒外敌侵略。这些传说故事，情节完整，相互印证，共同组成了墨子奔波劳碌，为天下兴利除害的一系列鲜活画面。

鲁山墨子文化背景独特，遗迹遗存丰厚，民间传说鲜活，具有历史的根源性、群体性。2013 年 1 月，中国民间文艺家协会命名鲁山为"中国墨子文化之乡"。

八、止鲁攻郑　情系桑梓

当年，墨子与鲁阳公交往极深。仅《墨子·鲁问》篇中，他与鲁阳文君就有 5 次对话，《耕柱》篇中，又有 2 次。

鲁阳公即鲁阳文君公孙宽。两人讨论的问题，涉及对外战争、仁义治国、忠臣识别等。鲁阳文君见识了墨子的才智，才把他推荐给惠王，要惠王重用墨子。

《墨子·鲁问》："鲁阳文君欲攻郑，子墨子闻而止之。谓鲁阳文君曰：'今使鲁四境之内，大都攻其小都，大家伐其小家……则若何？'鲁阳文君曰：'鲁四境之内，皆寡人之臣也。今大都攻其小都，大家伐其小家……则寡人必将厚罚之。'"

听闻"鲁阳文君欲攻郑"，墨子从尧山脚下出发，翻山越岭，连夜东行60余里，叩见鲁阳文君。开门见山，质疑文君："在你的境内，有大都攻打小都，大族攻打小族，杀你的百姓，掠夺牛马狗猪、布帛米粟，你怎么办？"文君斩钉截铁地说："重罚。"话题一转，墨子责之："天领有天下，像你领有封地。你要攻郑，就不怕遭天诛罚？"文君辩驳："天的诛罚虽可畏惧，但我攻郑，合乎天意。郑人三代弑君，三年绝收，我诛伐他们，也是替天行道。"墨子毫不客气："你这是强词夺理。上天对郑的惩罚，已经够了。你这样做，譬如儿子强横凶暴，不成材料，父亲鞭他，邻居见状，举起木棒，跟着来打，岂不荒谬？"趁文君若有所思，墨子又语重心长地说："世俗之人，小事明白，大事糊涂。偷人家一狗一猪，会被看作不仁；窃人家一城一国，却说是'义'，岂非黑白颠倒？"接下来，墨子诘问："你去攻打邻国，烧杀抢掠，书之竹帛，镂在金石，刻于钟鼎，想要传世；普通之人，也杀人越货，书于竹帛，铭于食器，大肆夸耀，可不可以？"再打比方："有一个人，牛羊牲畜很多，让厨师烹饪，吃都吃不完。可见人做麦饼，就抓耳挠腮，要去偷窃，嘴里还不停念叨：'这是做给我吃的。'这是为何?"最后，回归到"楚国四境，土地荒芜，开垦不完，耕地闲置，种不过来，可是，一见宋郑闲邑，就想霸占，这与患偷窃病的那个人，完全是一样的。"

最终，文君诚恳接受墨子建议，打消了攻郑计划，避免了一场战争灾难。

九、方言焕彩　文辞雅俗

鲁山原属周王近畿地，后为楚之北陲。一方水土养一方人，墨子生在鲁阳，长在尧山。读《墨子》，给人感受最深的，是醇厚的鲁山方言的味道。

《墨子·尚贤》中，王公大人问墨子："为贤之道将奈何?"墨子曰："有力者疾以助人，有财者勉以分人，有道者劝以教人。若此，则饥者得食，寒者得衣，乱者得治。若饥者得食，寒者得衣，乱者得治，此安生生。"

饥，即饿，鲁山人说饥不说饿，问人"饥不饥"，而不说"饿不饿"。

"安生生"，是安定、安宁、安全、安静的意思。"安生、安生生、安安生生"，几乎是鲁山民众的口头禅。人畜温顺，喻之"安安生生"，社会动乱，民不聊生，叫"不得安生"。若战乱频仍，百姓就感叹："啥时候才能过上安安生生的日子?"

已故鲁山籍在台墨学专家冯成荣，作打油诗曰："墨子兼爱又非攻，席不暇暖为苍生;游说诸侯别打仗，希望人民安生生。"

《墨子·备梯》中记述：禽滑厘像仆人一样侍奉墨子三年，手脚都磨出老茧，却不敢问墨子自己想要知道的东西。墨子过意不去，"乃管酒块脯，寄于大山，昧茅坐之，以樵禽子"。墨学专家不解其意。用鲁山方言解，再简单不过："管"同"灌"，"管酒"也即"打酒"；"寄"即"来"也；"昧"做动词，是把茅草（用手或胳臂）挽倒；"樵"同"瞧"，乃携礼探望慰问之意。逢年过节，走亲访友，拜望长辈，带着礼物登门造访，鲁山人都叫"瞧"。

这几句话的意思是：墨子带着打来的酒，拎着盛肉的篮子，（与禽滑厘一同）来到大山上，把茅草挼倒，两个人坐下来，边吃边喝边拉话。

《墨子》中还有"待客""宾服""将养""强梁""不材""阴暴"等，皆鲁山口语。"待客"，高规格、尽己所能招待客人；"宾服"，即服气、佩服；"将养"，多指调养、赡养、抚养；"强梁"，含蛮横霸道；"不材"，说人没能耐，没出息，毛病太多，不可造就；"阴暴"，有暗里欺凌、糟蹋、害人之意。

粗略计，《墨子》一书，鲁山方言有百余处。

方言是语言的活化石。顺口说方言，那是从小习就的，长大了再学，只能学到皮毛，更别说生动地运用到文章中了。

我们读《墨子》，感受到墨子文采斐然，充满智慧，同时还是善于用方言写作的大家。

第四节 姓氏起源 寻根鲁山

"刘天下，李半边。"

中国姓氏，刘姓居多。

世界刘姓，根自刘累。

雷惊电激雌雄随，古今豢龙第一人。

惧而迁鲁立尧祠，青史留名千古辉。

一、刘姓之源 始于刘累

刘姓渊源，以尧为远祖，以累为始祖，众多史籍都有定论。

刘累，是中国历史上第一位以刘为姓氏的人物。刘累生于夏朝末期，相传，出生时手上有"刘累"字样的纹络，因而得名。刘累是驯龙大师，其家族"御龙氏"在战国前一直非常显赫。

刘累的记载，最早出自战国左丘明的《左传》。

《左传·昭公二十九年》："有陶唐氏既衰，其后有刘累，学扰龙于豢龙氏，以事孔甲，能饮食之。夏后嘉之，赐氏曰御龙，以更豕韦之后。龙一雌死，潜醢以食夏后。夏后飨之，既而使求之。惧而迁于鲁县。"

西汉司马迁《史记·夏本纪》："帝孔甲立，好方鬼神，事淫乱。夏后氏德衰，诸侯畔之。天降龙二，有雌雄，孔甲不能食，未得豢龙氏。陶唐既衰，其后有刘累，学扰龙于豢龙氏，以事孔甲。孔甲赐之姓曰御龙氏，受豕韦之后。龙一雌死，以食夏后。夏后使求，惧而迁去。"

刘累，是被史学界所认同的刘姓历史上第一人。

二、史书多记 方志有载

《左传》，刘累"惧而迁于鲁县"。

《竹书纪年》："孔甲七年，刘累迁于鲁阳。"

《资治通鉴》："刘累学扰龙于豢龙氏，事孔甲，能饮食之，赐氏曰御龙，以更豕韦氏。后龙一雌死，潜醢以食夏后。夏后嘉之，既而使求之，累惧而迁于鲁县。"

唐《世系表》："唐氏出自祁姓帝尧，初封唐侯，中山唐县。舜封尧子丹朱为唐侯。至夏时，丹朱裔孙刘累迁于鲁县。……其后，更封刘累裔孙在鲁山县者为唐侯，以奉尧祠。"

明嘉靖《鲁山县志》："昔尧之孙刘累，以豢龙事夏后，惧罪逃于鲁。"

清康熙《鲁山县志·舆地志·沿革》："夏后氏刘累醢龙惧罪逃于鲁，即其地。"

1994 年中州古籍出版社出版的《鲁山县志·大事记·夏》

载："尧的裔孙刘累，为孔甲养雌雄二龙，雌龙死，烹之以奉夏后。夏后嘉其美味，继而再求。累惧而迁至鲁县。鲁县属刘累邑。刘累迁鲁县后，居邱公城，于山西建尧祠祀祖。"

《文物古迹邱公城》："邱公城在夏代是尧之裔孙刘累故邑。"

几乎所有的鲁山方志，都有刘累迁鲁的记载。

东汉科学家张衡，在《南都赋》中曰："远世则刘后甘厥龙醢，视鲁县而来迁，奉先帝而追孝，立唐祠乎尧山。"

北魏郦道元《水经注·滍水》载："水又与波水合，又东迳鲁阳县故城南。城，即刘累之故邑也。"又载："尧之末孙刘累……迁于鲁县。"

三、刘累迁鲁 事出有因

中华儿女的文化传统，是祖宗崇拜。刘累迁鲁，就是在这种意念支配下的寻根问祖之举。

刘累是尧的裔孙。刘累迁鲁，第一个原因，鲁山是尧部落的祖居地。第二个原因，鲁山乃豢龙氏故里，迁此，为的是进一步请教养龙技术。第三个原因，鲁山是原生龙大鲵的重要产地，迁此是为确保御龙氏氏族有龙可御，有业可操。

其一，鲁山，尧部祖居之地。

鲁县所在的滍水上游，是尧的祖部落玄嚣部落的生息地。

司马迁《史记·五帝本纪》记述，黄帝娶西陵氏之女嫘祖，嫘祖为黄帝正妃，生二子，其后皆有天下。其一曰玄嚣，是为青阳，青阳降居于汦水。唐以前的古本《大戴礼记》也有"青阳降居于汦水"之说。汦水即今河南沙河。直到清代，鲁山县境内滍水沿岸还有"青阳"地名留存。

其二，鲁山，为豢龙氏故里。

刘累早年学扰龙术于豢龙氏。鲁县是豢龙氏故里。且不说众多史书多有记载，单说滍水中上游，就分布有众多豢龙氏遗迹。

1. 滍水上游的刘累故邑邱公城北，原有村镇名耿集（今被昭平湖淹没）。1949 年前，耿集位居鲁山四大名镇之首，素有"豢龙故里"之称。直到 20 世纪 50 年代初，耿集寨垣门楼上，还镶嵌着刻有"豢龙故里"字样的匾额。

2. 滍水中游右岸，今马楼乡商余山上，有"太灵古祠"，为豢龙氏祀大帝所立。商余山，唐代诗人元结故里。天宝十二年（公元 753 年）前后，元结居家乡商余山有诗《演兴四首》，其《自序》称："商余山有太灵古祠。传云：豢龙氏祀大帝所立。祠在少余西乳之下，邑人修之以祈田。予为《招》《祀》《讼》《闵》之文以演兴。""太灵""大帝"同义，指天神。"传云"泛指书传记载。说明在唐代，人们还能见到商余山太灵古祠为豢龙氏所立的资料。豢龙氏立太灵古祠于商余山，商余山一带无疑为豢龙氏部落的居住地。

3. 滍水中游左岸，应都故城东北大龙山之阳（今平顶山市新新街一带）有"豢龙城"。《路史·国名记》《太平寰宇记》《读史方舆纪要》均有记载。大龙山之名即由豢龙城而来。

刘累早年"学扰龙于豢龙氏"即在鲁山，对这里的山川风土非常熟悉，当他在夏廷无法待下去的时候，举族迁鲁。迁鲁，有重投师门，进一步学习扰龙术的用意。

其三，鲁山，是龙的重要产地。

刘累氏族以御龙为业，迁鲁还有一个原因，鲁为龙的重要产地。

考古学家对大量新石器时代陶器上所绘制的原生龙图案，进行过缜密研究，提出大鲵是龙的主要原型。

大鲵，属两栖纲大鲵科，栖息在山谷溪流中，以鱼、蛙、虾为食。因叫声似小儿啼哭，俗称娃娃鱼。被列入国家二级保护动物。

《山海经·北山经》："决决之水出焉，而东流注于河，其中多人鱼。"《水经注·伊水》："鲵鱼声如小儿号，有四足。司马迁谓之人鱼。"《尔雅注》："今鲵鱼似鲇，四脚。前似猕猴，后似狗。声如小儿啼。"《本草纲目》："鲵生山溪中，似鲇有四足，长尾能上树，声如小儿啼。"

豫西山地自古多大鲵，至今诸多水域，仍有大鲵栖息生长。大鲵喜生活在僻静的涧溪深处，形态、叫声颇似人。先民们将大鲵视作神灵之物，甚至当作人的始祖，在陶器上描绘大鲵，把大鲵作为龙来崇拜，直到宋代还有这方面记载。元明时期，人们视"鲵"为"龙"，将二者合称，曰"龙鲵"。

鲁县故城以西滍水上游，千山万壑，谷深林密，涧溪潺潺，水质清澈。自然环境很适宜大鲵繁殖生息，至今尧山仍多大鲵。

由此可见，豢龙氏家族择鲁县而居，刘累的御龙氏家族，也迁来鲁县，是顺理成章的。

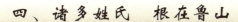

四、诸多姓氏　根在鲁山

姓氏，是贯古通今的活化石。

母系社会，知其母而不知其父。"姓"属会意字，意即女子所生。中国早期的姓，多带"女"字。例如，黄帝以姬为姓；炎帝以姜为姓。

一个氏族部落，其子民多以图腾为姓。

中华姓氏，来源广泛。或以氏为姓，或以国为姓，或以邑为姓，或以居地为姓。亦有以排行为姓，以官职为姓，以谥号为姓。又有因赐姓、避讳而改姓。还有古代少数民族融合到汉姓中来的，不一而足。

河南是中国姓氏的重要发源地，中国万余姓氏，源于河南的约 1500 个。仅《百家姓》中，就有 100 多个姓氏源于河南。

鲁山，作为华夏早期人类居住地之一，有多个姓氏发源于此。

▷ 刘姓

源于夏末刘累，其子孙居于鲁地之后，刘氏播徙世界。

▷ 龙姓

起源于神话，出自御龙氏之后。刘累为夏帝孔甲养龙，赐姓御龙氏。御龙氏后有龙氏。刘累居鲁山邱公城，其后裔一支为龙姓。

◇ 赵姓

源出嬴姓，始祖造父。远祖可追溯到4000多年前的少昊。少昊后裔伯益掌管火种，驯养兽鸟，助禹治水有功，得姓嬴。伯益后裔造父，是西周时著名的驾驭马车的能手，周穆王封造父为御马官，专管天子车舆。在平定徐偃王叛乱中，造父立下大功，周穆王把山西洪洞赵城封赏给他，造父即以赐地为姓。

鲁山西部山区是造父早年选马、老年牧马的活动区域。《史记·赵世家第十三》载："造父取骥之乘匹，与桃林盗骊、骅骝、绿耳，献之缪王。"造父捕获名马所在的桃林，位于鲁山尧山镇桃林村周围，即十八垛原始森林景区内。造父功成名就，年老力衰，萌生归隐之念，遂向周穆王请辞。周穆王感念造父之功，不忍他离去，即命造父放马鲁山桃林。造父奉周穆王之命，带着周穆王赐名的8匹宝马，一路奔波，向桃林进发。无奈山高路险，行走困难，当行至桃林之南，滍水北岸赵村宽步口处，发现这里是牧马的理想场所，造父即在宽步口一带，随马自牧，形影不离，逍遥自在。

造父当年牧马的地方，如今分别被称为金马沟、马头崖、白马洞、马脸沟、马沟、石马沟、长马沟。造父墓位于赵村镇宽步口金马沟。

造父与当地人和睦相处，把认马、养马、驯马之术，毫无保留地传授给乡邻，深得众人喜爱，被誉为"马王爷"。俗语"马王爷三只眼"，意指造父慧眼识马。

近年，平顶山市成立造父文史研究会，出版《赵姓通史》

《造父与鲁山》，详细记述了造父归隐鲁山的史实。

❯ 墨姓

源于墨子。墨姓出自炎帝姜姓。墨子的父祖辈，为伯夷、叔齐后之孤竹氏，为避难改为墨氏。墨子是孤竹氏"百工"的后代，父祖辈参与"王子朝作乱"，兵败奔楚，隐匿鲁山。

❯ 鲁、鲁阳姓

鲁之地名，史载最早的，即鲁山之"鲁"。《辞源》："鲁，姓。周公旦留相武王，子伯禽乃就封于鲁，至顷公而国亡，迁于下邑，子孙因以为氏。"武王灭商，分封诸侯，周公长子就封鲁阳，为鲁侯。是时，鲁阳为鲁国国都。武王卒，成王年少，周公辅佐。纣子武庚勾结管叔、蔡叔、霍叔，联合东方的徐、奄、蒲、姑等叛乱。周公东征，成王践奄（山东曲阜）。伯禽再封于奄，为鲁公。鲁国国都于鲁阳迁奄。伯禽之后人以鲁为姓。鲁阳（鲁山）是鲁姓之根。

春秋时，楚公族有鲁阳复姓，鲁阳（鲁山）为根。

❯ 蚩姓

炎帝部族一支，居于滍水沿岸，鲁山遂为蚩姓之源。

❯ 应姓

《通鉴·地理通释》："应，姬姓，武王子，封汝州鲁山县。"应国旧墟在鲁山东部。当时居应地的应侯后裔，皆以应为姓。

第五节　匠祖鲁班　鲁之巧人

生乎鲁，长乎鲁，自古为巧圣；

技超人，艺超人，后人尊匠祖。

鲁班与墨子，鲁山两巧者。

木鸢飞天非梦，云梯登高攻城；

绝技出哲匠，妙手铸大成。

一、鲁班墨子　君子之交

　　鲁班，春秋时鲁人，与墨子同时代，人称公输盘、公输般。

　　鲁班的里籍，同墨子一样，在楚国鲁阳邑，即今鲁山。鲁班之"鲁"，因其世代居于自夏以来以"鲁"为名的鲁阳，且获得"以地为氏"的姓氏。"公输"是鲁班的号，其后人，才以"公输"为姓。

　　有关鲁班的记载，历代存世文献虽多有记述，但基本是《墨子》之《鲁问》和《公输》两篇记述最为完整翔实。文中记述了公输子（鲁班）与墨子技艺和思想的交锋。两人同为春秋末期手工工匠出身的智者，同时活动于楚地。其他文献所言鲁班事迹、技艺，或转述于此，或生发于此，无出其外。

朱熹《孟子集注·离娄章句上》："离娄之明，公输子之巧，不以规矩，不能成方圆。""离娄，古之明目者。公输子，名班，鲁之巧人也。"

《文选·西京赋》薛综有注："命般尔之巧匠"，"般，鲁般。一云公输子。鲁哀公时巧人"。

春秋末，有两处以"鲁"为名的地方，学界称之西鲁、东鲁。西鲁，楚国鲁阳邑，今鲁山，这里夏代就以"鲁县"为名，周武王灭商后，封周公姬旦于此。东鲁，鲁国都城所在的曲阜。周武王崩逝后，年幼的成王继位，周公摄政，东征"践奄"，占领当时以"奄"名为国的曲阜，遂以伯禽为嗣子，将原封地"鲁"之名带到奄，称鲁国，为鲁公。从此，曲阜有了"鲁"名，学界谓东鲁。

墨子与鲁班，两人是好友。墨子十分敬重鲁班，《鲁问》中，叙及鲁班，必曰"公输子"，"子"乃敬称。

两人曾在一起比赛放风筝，是孩提时代的轶事。

古代交通不便，人的活动半径有限。从《墨子》书中看，鲁班主要活动在中原。从两人交往的语气看，年龄相差 5 ~ 10 岁，鲁班比墨子年长些。《公输》中记墨子止楚攻宋，墨子时年约 40 来岁，鲁班大概 50 岁。

二、诸多器具　鲁班发明

鲁班是位发明家，他出身于工匠世家，从小跟随家人劳动，逐渐掌握了许多生产技能，积累了丰富的实践经验。木工们用的工具，如锯子、曲尺、墨斗等，皆为鲁班发明。

▷ 锯子

鲁班入山，一不小心，手被草叶划破，渗出血来。他摘下叶片，发现叶子边上长着利齿，由此得到启发，发明了锋利的锯子。

▷ 曲尺

最早称"矩"，又名鲁班尺。由尺柄及尺翼组成，相互垂直。木工以曲尺度量直角、平面、长短甚至平衡线。

▷ 墨斗

木工用以打墨线的工具。斗型盒子贮墨，线绳由一端穿过墨穴染色，染色绳线末端有一小木钩，称"班母"。用时将染色线绳对着木材或器物弹动打出平直线，制作或施工时，以此为水平标准。若将班母固定于高处，墨斗悬垂，以墨斗重量为坠儿，将染色线绳向壁面弹动，就在立面上打出了垂直线标准。

◈ 钩、梯

春秋末期的常用兵器。《墨子·鲁问》记载鲁班将钩改制"钩镶"，楚国与越国水战中，楚国军队使用"钩镶"，越船后退就钩住它，越船进攻就推拒它。《墨子·公输》有记，鲁班将常用的木梯改制成可以凌空而立的云梯，用以攻城。

《墨子·公输》："公输盘为楚造云梯之械，成，将以攻宋。"据《战国策·公输盘为楚设机章》，墨子往见公输般时说："闻公为云梯。"《淮南子》："鲁班即公输般，楚人也。乃天子之巧士，能作云梯。"《淮南子·兵略训》许慎注："云梯可依云而立，所以瞰敌之城中。"

◈ 石磨

坚硬的圆石，凿出密布的浅槽，合在一起，用人力或畜力使它转动，把五谷磨成粉。此前，人们加工粮食，是搁在石臼里，用杵舂捣。磨的发明，把杵臼的上下运动，变成旋转运动，使间歇性工作变成连续性工作，减轻了劳动强度，提高了生产效率。

◈ 雕刻

《述异记》记载鲁班在石头上刻制"九州岛图"，应为最早的石刻地图。亦说鲁班曾刻制精巧绝伦的石头凤凰。

◈ 打井

鲁班创造了"下盘定位，编笆为筒"的打井技法，有效解决了井体坍塌、污水流入的问题，并且发明了提水的滑轮，降低了人们汲水的劳动量。

◈ 滑轮

鲁班有感于乡亲们挑着瓦罐，走上井台打水的辛苦，发明了拉水的滑轮，滑轮又演绎成辘轳，辘轳又"转"成风车，风车又变成水车。

◈ 锁钥

古时简单的锁钥形状如鱼。鲁班改进的锁钥，形如蠡状，内设机关，凭钥匙才能打开，能替人看守门户。

◈ 伞

鲁班妻子发明。鲁班妻子也是位出色工匠，她怜惜丈夫在风雨烈日下劳作的辛苦，见亭子可避雨遮荫，乃造伞，让鲁班带在身边。

三、匠祖科圣　班墨比巧

墨子和鲁班，既是老乡，也是朋友。两人生在鲁，长在鲁，交往密切。鲁班以为天下至巧，莫过己也；而墨子主张兼爱非攻、天下大同，提出十大主张，从更高的精神层面认识现实世界，心怀天下苍生。

《墨子》中记有两人 4 次"对话比巧"。其中《鲁问》篇，讲的就是他们在鲁阳的 3 次比巧。

第一次比巧，鲁班从鲁阳南游至楚，为楚制造适于船战的钩镶。敌船后退，就用钩钩住它，敌船前进，就用镶推拒它。鲁班因之沾沾自喜，诘问墨子："我战船有自己的钩镶，您的'义'是不是也有钩镶？"

墨子说："我的'义'，是以爱钩，以恭敬推拒，不用爱钩，就不会亲近；不用恭敬推拒，就容易轻慢。轻慢不亲近，就会很快离散。互爱互敬才能互利。否则，人来我往，钩来拒去，那是在互相残害。所以，我'义'的钩镶，胜过你船战的钩镶。"

第二次比巧，鲁班削竹成鹊，飞到天上，三日不下。鲁班自认精巧。墨子则驳之说："你做的鹊，还不如匠人做的车轴上的销子，那三寸的木块儿，可担当五十石的重量。所以，利于人的，可为巧；不利于人的，那是拙劣。"

墨子的着眼点，在于实用、利民。那时，还没有飞天器械的运用。

第三次比巧，即"止楚攻宋"。这是墨鲁最精彩的一次比赛。墨子十天十夜，跑到郢都，劝说楚王不要攻宋。墨子一见鲁班，就给鲁班扣了 5 顶大帽子：不智、不仁、不忠、不强、不知。楚王与鲁班听不进去，他们自以为宋唾手可得，放弃攻打可惜。墨子知道战争不能轻易制止，于是就用推演之术，比赛输赢。鲁班设攻宋之械，墨子设守宋之备，九攻九拒，鲁班技穷，墨子的守城之策还绰绰有余。鲁班说："还有一种方法，我可以取胜。"墨子何等聪明，说："即便你杀了我，我也有后手，我让弟子禽滑厘等三百人，已在宋城上严阵以待。"

楚王听罢此言，不得不放弃了攻宋的打算。就这样，墨子凭一己之力，阻止了一场战争。

第四次比巧，鲁班对墨子说："我没见你时，想得到宋国，我见到你后，给我宋国，假如是不义的，我也不会接受。"墨子说："我没见你时，你想得到宋国。我见到你了，给你宋国，假如不义，你也不接受，实际上，这等于我把宋国送你了。你努力维护正义，我将送给你天下。"

话听起来玄妙，实则并不虚妄。内中含着"天下大同、命运与共"的真理。

墨子一句"得义如得天下"，彻底征服了鲁班。

墨子思想，不乏墨、鲁在鲁阳的生活、劳作的实践经验。鲁班是天下巧工，是楚国的"军械师"；墨子，是周室"百工"的传人，是坑染之师，他们同为天下巧匠。

弘扬鲁班文化，传承鲁班精神，对于当前我国建设高素质产业工人队伍、培育新时期的工匠精神，实现中国制造向中国创造的全面跨越具有重要意义。

四、圣迹留痕　惠泽后人

在鲁山，鲁班留下了众多遗迹。

◇ 古银杏取板

县城西南四棵树乡有文殊寺，院内五棵 2800 年树龄的银杏树，一棵中空，有纵长裂隙，呈平板状，且有横向锯口纹，是墨子、鲁班联手，于皓月当空之夜，竖着从树干锯下"中心板"，却能不伤树木元气，让古树至今枝繁叶茂。

◇ 墨鲁棋盘石

县城西南白云山凹腰处，有一石刻古棋局，名棋盘石。相传是墨鲁对弈留下来的。墨子止楚攻宋成功，鲁班失去楚王信任，怒返故里，要与墨子一决雌雄。两人约定，以对弈定胜负，胜者居大石洞，败者居小石穴。结果墨子获胜，入居大石洞，鲁班住进小石穴。

◇ 木匠庄

瀼河乡黑石头村，有自然村叫木匠庄。背岗面溪，山林蓊郁。村上原有鲁班庙，庙中供奉木雕鲁班像，系鲁班旧居。清初，一李姓木匠慕名来此，在庙旁建房居住，一年四季，虔诚祭祀祖师鲁班。这里各色木材齐全，李木匠技艺精湛，所做箱柜桌椅、车楼犁耙、门窗梁架等，远近驰名，就有了"木匠庄"的村名。与之紧邻的自然村是盆窑，村中有烧陶古窑址。《墨子·鲁问》载："鲁之南鄙人，有吴虑者，冬陶夏耕，自比虞舜。子墨子往见之。"这里当是吴虑故里。清考据家武亿所修嘉庆《鲁山县志》，吴虑为鲁山先贤，入卷二十二《集传》。

风筝山

瀼河乡，隔鲁阳关水，有相对两座山，水北叫"风筝山"，水南叫"老虎岭"。风筝山近旁即盆窑村，乃墨、鲁比放风筝之山，他们放的风筝，最后落到了老虎岭上。后人在风筝山上建有放鸢塔。

鲁山庙

背孜乡井河口，原有自然村名鲁班庙。鲁班子孙有一支落户于此，建庙祀之，因庙在山上，故名鲁班庙。今人讹之，叫成了鲁山庙。

鲁窑村

在观音寺乡。鲁班在此指导挖窑洞，供山民居住。明初，山西洪洞一鲁姓寻根迁此定居，世代供奉鲁班。

班山寨

鲁山县与方城县、南召县三县交界处的楚长城沿线，有海拔约500米山峰一座。上有山寨，世称班山寨，传为鲁班所修。

鲁班社

旧时，鲁山有鲁班社。清乾隆年最为鼎盛。这是一个以鲁班为崇拜对象的社团组织。他们以鲁班庙为活动中心，每年定期聚会，久而久之，演变成经年不衰的传统庙会。鲁班社规模宏大，会员多木匠。每年聚会，前来拜祖的艺人逾千人。会长由代表推举年长艺湛、德高望重者担任。聚会期间，磋商内部事务，形成"条规""业规"。

因鲁山长期隶属于南阳，南阳的鲁班庙规模亦十分宏大。后来，鲁山的鲁班社成员多集中到南阳聚会，鲁山的鲁班庙会与鲁班社，也逐渐地由兴盛走向衰落。

第六节　血脉赓续　精神传承

风云激荡，山岳烈烈。

尧山脚下，革命志士垂青；

皇天后土，英雄豪杰恩宠。

穿越时空，史海钩沉，

触摸厚重沧桑历史，感受浩瀚历史烟云。

一、红军过处　青山留踪

1934年11月16日，中国工农红军第二十五军，由吴焕先、程子华、徐海东等率领，按照中共中央指示，从鄂东北根据地河南罗山县出发，经确山、信阳、驻马店进入伏牛山，向陕西实行战略转移。

红军长征共4支队伍：红一方面军、红二方面军、红四方面军、红二十五军。红二十五军平均年龄最小，十七八岁者居多，最小的仅十来岁，老百姓称之为"娃娃军"。

这支队伍从罗山何家冲出发，历时10个月，过皖、鄂、豫、陕、甘5省，行程近万里，打了上百次仗。经过巧妙迂回，长途奔突，终于摆脱围堵，先行到达陕北。一路兵员未减，最后还增加了800多人，成为唯一一支久经征战尚能增员的部队，被誉为长征先锋。

红二十五军入鲁前，在方城县独树镇，打了一场恶仗。当时天寒地冻，雨雪交加，面对敌四十军庞炳勋部的包抄，将士们临危不惧，与敌人展开白刃血斗，连续数次击退敌人后，趁黑夜绕道急行，突出重围。

11月29日，部队进入鲁山。途经熊背、鸡冢（今团城乡）、下汤、赵村、二郎庙（今尧山镇）5个乡镇。12月1日，过二郎庙、四道河、板房向没大岭进发。在鲁山县、嵩县交界处"把口子"的地主武装30多人闻讯逃窜。红军顺利翻越没大岭，进入嵩县。3天行程200多里，爱护百姓，纪律严明，留下5段佳话。

第一：孙白氏送花生。红军入鲁，第一站到熊背乡孙家庄。之前，因国民党散布谣言，村人大多上山躲避，只有小脚老太孙白氏没走。她看到战士们饥饿疲累，有的还满身血迹，却露宿屋外，心下犯疑：这支队伍怎么不一样呢？不禁心生怜惜，端出一筐花生让战士们吃。战士们推辞，军首长发话，每人抓一把花生，最后在筐里放了一块银圆送给老太太。

第二：陈锡九义释红军。熊背寨外岳逢祥家，两名战士，一个17岁，一个18岁，睡着未醒，部队开拔，被寨局搜出。审问哪里人，干啥的。答："安徽人。红军。你们想咋办就咋办。"寨局派人将战士送至区自卫团团部。团长陈锡九感佩小红军年纪轻轻，竟处危不惊，大义凛然，就把他们放了。

第三：打富济贫。在鸡冢瓦窑，红军发现大户王长庚，系国军将领郜子举的妹夫，遂打开王家仓库，放粮给贫苦农家。在下汤林楼，枪决恶霸林十一，抄了富户林锡三的家。浮财充作军需，粮食周济穷人。

第四：红军买猪。在中汤村，红军用4块银圆，买了一头猪。刚刚宰杀，未及煺毛，开拔号吹响。情急之下，司务长剥皮去杂，几斧头，把肉劈成两扇，几个人抬着，追赶队伍。首长发现后，命令把猪肉送给百姓。司务长解释："这猪是买的。"首长说："买的也不行，光天化日，抬着猪招摇过市，谁知道是买是劫？"听到这里，司务长觉得有道理，就把猪肉留给了百姓。

第五：寨墙系馍。行军到赵村，首长提前给寨主送了信，讲明政策。军政治部的小宣传员扯着嗓门喊："老乡老乡，不要惊慌。我军所向，抗日北上。借路通过，不进村庄。奉劝乡亲，勿加阻挡。"寨上人已闻知红军秋毫无犯，竟把一篮馍系了下来。战士们在墙下接住篮子和馍，在篮里放了两块银圆，还给了寨上的乡亲。

二、抗日故事　星月增辉

尧山镇，原二郎庙乡，政府驻地二郎庙村。抗日战争时期，中共河南区党委、河南军区、河南人民抗日军司令部曾驻扎在这里，王树声、戴季英、皮定均等在此指挥战斗。

1944 年 4 月，侵华日军集中兵力约 9 万人，发动河南战役。国民党军蒋鼎文、汤恩伯、胡宗南等，不下 40 万大军不战而溃。一个月内，郑州、洛阳等 38 座城池，相继陷落。豫西千万同胞，沦于日军铁蹄之下。

危急关头，党中央决定，开辟豫西敌后抗日根据地。继 1944 年 7 月中旬，组建八路军"豫西抗日先遣支队"渡河南下之后，9 月，又在延安杨家岭召开会议，组建"国民革命军第八路军河南人民抗日军"（以下简称抗日军），成立河南军区，挺进豫西。王树声为司令员、戴季英为政委。

1944 年底，王、戴带领抗日军，从延安出发，渡过黄河，于 1945 年农历春节到达渑池。2 月底进抵登封，与皮定均、徐子荣抗日先遣支队会师于嵩山。6 月初，到达临汝南部蟒川。之后，沿临汝、鲁山边界，进入鲁山西部山区。

当时，鲁山县城有日军两个联队据守，县城附近平原地区已被日伪控制，唯独西部山区日伪不曾进驻。抗日军入鲁后，二郎庙、赵村一带土匪闻风逃匿。抗日军司令部、河南军区、河南区党委遂进驻二郎庙。王树声（司令员）、戴季英（政治委员）、熊伯涛（参谋长）等，住在二郎庙街村民李正名家中（李正名曾受共产党革命思想的影响，对红军悉心照顾，在部队撤离时，为部队保存物资、文件，掩护伤员）。部队稍事休整，便以二郎庙、赵村为基地，展开了军事活动。

6 月 10 日前后，鲁西县抗日民主政府在二郎庙宣告成立，刘雪棠任县长，三支队九团政委李庆柳兼任县委书记。县政府成立后，在东寨门张贴布告，提出几条政策，扫除日伪，收复国土，建设解放区，取缔汉奸、特务组织；废除苛政，救济灾荒，减租减息，发展生产；团结抗日友军，开展游击战争。

面对如火如荼的抗日战势，国民党不但不施以援手，反而下令周围驻军进攻抗日军驻地，从陕西调来 9 个军围歼。鉴于力量悬殊，河南军区决定，留下部分人员坚持斗争，其余人撤离鲁山。留守的小分队在尧山深谷活动，条件十分艰苦。山高坡陡，马匹不能通过，只得忍痛丢下。有的同志生病不能随军，只好隐蔽在群众家中。在这片大山里留下了许多军民鱼水情深的故事。

三、豫西首府　革命圣地

鲁山背依尧山山险，雄视黄淮平原，历代为咽喉要地，兵家必争。

1942 年 4 月～1944 年 3 月，国民党河南省政府移驻鲁山。重庆是中国的战时首都，鲁山就是河南的战时省会。

1947 年，刘伯承、邓小平率晋冀鲁豫野战军主力，千里跃进大别山。陈赓、谢富治率太岳兵团强渡黄河，挺进豫西，开辟豫陕鄂解放区。11 月 23 日，陈谢九纵队解放鲁山，豫陕鄂边区党政军领导机关，进驻鲁山县城。

1948 年春，刘邓主力转出大别山，来到豫西。

1948 年 3 月，豫陕鄂军政大学在鲁山创立，校址设在县城文庙，陈赓兼任校长。4 个月后，迁至临汝，相继更名为中原军政大学、第二野战军军政大学、西南军区军政大学。1952 年迁移哈尔滨，成为中国人民解放军军事工程学院。

1948 年 6 月 1 日，中共豫西区党委、豫西区行政公署，在鲁山县城成立，设立鲁山市。

1948 年 9 月至 10 月，豫西区党委扩大会议（整党会议）在鲁山程村召开。中原局副书记李雪峰、豫西区党委书记张玺等主持会议，邓小平做重要讲话。

1949 年 2 月，中共豫西区委改称河南省委，之后迁往开封，因此，鲁山也被史学家称为"河南的西柏坡"。

豫陕鄂党政军领导机关在鲁期间，发生了一件大事：是年 4 月 25 日，豫陕鄂边区前后委在县城"福音堂"召开联席会议，时任中共中央中原局第一书记的邓小平，做了《跃进中原的胜利形势与今后的政策策略》的报告。后被收入《邓小平文选》第一卷。

报告中，邓小平提出了市场经济的理念："像鲁山街上这个小市场，如果倒闭了，起码有一万人失掉生计，马上向你仲手要饭吃。我们这个区，有三万人靠种植烟草生活，如果纸烟厂垮了，不能出口，这三万人马上没有饭吃，没有衣穿。究竟是打倒了资本家，还是打倒了老百姓？我看这不是打倒了资本家，而是打掉了人民的生计。""私人工商业是新民主主义经济不可缺少的一部分，我们要扶持它发展。"这段话，反映了邓小平同志的早期经济思想，鲁山堪称邓小平市场经济思想萌芽地。

2013 年 5 月，豫西革命纪念馆，以豫陕鄂前后方工作委员会旧址之名，被列入第七批全国重点文物保护单位。2019 年 10 月，豫陕鄂军政大学旧址，列入第八批全国重点文物保护单位。

四、伊鲁嵩县　烽火硝烟

1947 年 6 月，战略防御转入战略反攻。中共中央军委决定，由晋冀鲁豫野战军第四纵队和第九纵队，及起义后改编的三十八军组成陈谢兵团。

10 月下旬，九纵队农运部马克逊，带领 3 个连的武装及部分干部、伤病员，进入鲁山县与嵩县接合部。11 月 5 日，在鲁山县西部山区二郎庙，建立中共伊鲁嵩县委和县民主政府。

县政府成立后，相继设立民政科、财粮科、交通科、公安局、农民协会、妇委会等机构，同时，以野战部队留下的 3 个连和担架队为基础，扩编为县大队，马克逊兼任大队长。全县设 8 个区：原属鲁山县的赵村、二郎庙为第一、二区，原属嵩县的车村、孙店、木植街、白河为第三、四、五、六区，原属伊阳县的泰山庙为第七区，原属栾川县的合峪为第八区。

伊鲁嵩县位于伊阳（今汝阳）、鲁山县、嵩县三县毗连的伏牛山腹地，境内山高林密，地形复杂，是战略要地。抗战期间，国民党汤恩伯部溃散于此，给土匪和地主武装增加了人员和装备。解放军占领时，除国民党正规部队外，几乎村村寨寨都有国民党地方武装把守。他们烧杀抢掠，蹂躏群众，造谣惑众，破坏新生政权，形势非常恶劣。

鉴于此，1948 年 1 月，伊鲁嵩县民主政府组织全县武装力量，在马克逊的指挥下，进山围剿。一个多月时间，将活动在木植、蝉螳一带的土匪歼灭，缴获枪支 500 余，活捉匪首 11

人。县政府召开万人大会，马克逊在大会上讲话，并亲书对联："松柏青山依然在，捉匪归案祭英烈。"

1949年初，土匪集结千余人，向栗树街逼近，当时县大队200余人正在栗树街整训。侯玉明匪部占据北山，内乡别廷芳匪部占据南山，欲南北夹击。匪兵刚登上山头，就被我方哨兵发现。大队长令一、二连在重机枪掩护下攻上北山，与土匪展开白刃格斗。土匪溃不成军，落荒而逃。

1949年1月19日，豫西行署发布命令，撤销三专署建制和伊鲁嵩县建制，二郎庙、赵村区按旧县界，划归鲁山县管辖。

伊鲁嵩县的历史虽短，却在革命史册上留下了光辉一页。

第七节 灵泉神汤 华夏瑰宝

灵泓深处玉涓涓，造化谁将薪火燃？

鲁阳神泉，"华夏第一汤"。

沸如热浪喧腾，喷珠溅玉；

温似煦暖三春，香润宜人。

淳淳汤泉，濡染出悠久文化；

汩汩玉水，映照出厚重历史。

一、五大温泉 珠含玉润

漫长的燕山运动，造就了尧山溪壑跌宕的瑰丽地貌。岩板交错，在尧山脚下生成了一道50多公里深的大裂谷，不但为沙河提供了奔流而出的河床，还造就了上汤、中汤、下汤、碱场等温泉。这奇异的汤泉，早在商代就已经吸引着皇家与商客百姓来此沐浴。人们把温泉称作汤，就起源于商代专供沐浴的"汤盘"。

沙河源出尧山，自西而东。沿河两岸，每隔15里，就有温泉出露。或从土缝里浸出，或从石裂中探身，汩汩一脉，触之烫手。出水量大的有 5 处：赵村镇的上汤、中汤、温汤，下汤镇的下汤，和瀼河乡的碱场。自上而下，泉温递减，上汤平均水温 63℃，中下汤 61℃，温汤 49℃，碱场 40℃。皆为多泉群出，少则十余眼，多则百眼。

1994 年版《鲁山县志》：2.7 亿年至 2.2 亿年的印支运动，结束了海浸，地质构造抬升，鲁山形成陆地。1.8 亿年至 0.7 亿年的燕山运动，奠定了地貌构架，形成了尧山区中高山地形。自嵩县车村至鲁山下汤，出现了 50 公里长的地壳深大断裂，形成沙河。沿断裂隙，呈现 4~6 公里破碎带，深 37 公里以上。地下岩浆，沿裂隙形成热辐射，将渗入地下的雨水循环加热，从地层薄弱处涌出，成为温泉。

鲁山温泉，属断裂裂隙型温泉。地热可开采量约为每天7842立方米，水温49～64.5℃，温泉水化学类型为重碳酸硫酸钠型，无色无味，富含氟、锶、偏硅酸、镭、氡等多种微量元素，为偏硅酸-氟医疗热矿水，具有很高的医疗价值。可以杀菌、消毒、清洁皮肤，对治疗皮肤瘙痒、风湿性关节炎、牛皮癣等多种疾病具有显著疗效，对促进消化功能、加速新陈代谢、维持神经系统的正常机能，也有相当好的辅助治疗作用，具有很高的养生价值。是目前世界上少有的优质地热资源。

二、神汤玉液　可疗万疾

鲁山温泉历史悠久，明嘉靖《鲁山县志》载："去县五十里，旧名汤谷温泉，今按《水经》，名皇女汤，乃商后良夜常浴之所。发于山之石中，热如鼎沸，里氓引以为淋浴池，疮疾濯之即愈，有骊山神出之验。"文中"商后"，即商王本人。

西晋末年尚书郎王廙在《洛都赋》中，描写鲁阳神泉："不爨自沸，热若焦然，烂毛纶卵，煮绢濯鲜。痿瘵痱疴，浸之则痊。功迈药石，勋著不言。"

曾任鲁阳太守多年的郦道元，对滍水源流、鲁阳温泉作过详细考察。《水经注》："温泉出北山阜，七源奇发，炎热特盛。""如沸汤，可以熟米。""道士清身沐浴，一日三次，多少自在，四十日后，身中百病愈，三虫（泛指寄生虫）死。""滍水又东迳胡木山，东流又会温泉口。水出北山阜，炎势奇毒……汤侧有石铭云：皇女汤，可疗万疾者也。"

清嘉庆《鲁山县志》载："下温泉发于乱石中，泉口百眼，水雾蒸腾，有浴室，僧人司之，有骊山神出之验。"

古人以为鲁山温泉为神泉，可疗万疾。究其因，却不知为何。

温泉水，清澈碧透，表面上看不出有什么奥妙，经科学的检验，发现温泉水中含几十种微量元素，诸如铁、锌、钙、钠、硼、氟、镁、钾，都对人体有益。

更神奇的是，温泉水有硫黄气，属低矿化度，中到弱碱性，含放射性元素氡。还有苏打、硫黄、碳酸等。低含量的硫黄苏打，可杀菌消毒，清洁止痒，软化角质，改善代谢。碳酸可美白肌肤，排毒养颜，扩张血管。尤其放射性元素氡，皮肤与之接触，会形成保护薄膜，能减肥，抗衰老。

温泉水功用很多：可育种促苗；可养热带鱼；可做地震预报参考；可泡穰蒸穰，用于造纸。早年下汤镇造纸业、柞蚕丝绸业繁荣兴旺，即得益于温泉。

当地群众爱这一脉温泉水，在各个温泉出口，建起无数汤池，忙人五日三洗，闲人一日两洗。早上睁开眼，趿了拖鞋，扑通一声，把自个儿丢进池中，一天神清气爽；晚上收工，先拐进去，打一个来回，光膀子回家，浑身通泰。小康之家，自建洗澡间，一根水管，引来温泉水，姑娘媳妇，个个鲜肤丽质。

早年，每逢节气，温泉边杀鸡宰羊，趁热水煺毛；一条泉溪，棒槌声声，笑语盈盈，冬日暖似春日。

2016年12月，鲁山县被中国矿业联合会命名为"中国温泉之乡"。

三、汤韵清扬　文史承传

鲁山温泉，古人称之"皇泉""神汤""皇女汤"。今又被誉为"华夏第一汤"。

古邑沧桑在，神汤千古流。

《尚书·大传》："桀与其属五百人徙于鲁。鲁士民复奔汤。"

这段话是说商汤在灭夏的争战中，夏桀带着随从，逃到鲁山。商汤追来，发现了温泉，并在泉中洗浴。所以后人把"商汤"奉为"温泉神""汤神"。

《水经注》多次提到温泉可以"治百病"，"鲁山皇女汤，可以熟米，饮之愈百病，道士清身沐浴，一日三次，四十日后，身中百病愈"。其中记载的"皇女"，疑为东汉明帝刘庄的第九个女儿刘臣。《后汉书·皇后纪》："皇女臣，建初元年封鲁阳公主。"鲁阳为刘臣的汤沐邑，皇女臣才会常来温泉洗浴。

清道光《鲁山县志》："温泉即《水经》'皇女汤'也。汤侧石铭已失……"

《河南通志》："温泉在鲁山县，旧名皇泉，商后尝浴其处。载《水经》。上泉水热如沸，中泉平温，下泉微温，俗呼为上、中、下汤。"

鲁阳古城，位于今昭平湖所在的邱公城，已没于水中。邱公城离下汤最近。因有温泉之水，远在唐宋，下汤就名扬中州，成为鲁山丝绸、绵纸、中药材、山货的集散地，远招山陕京申商贾，来这里坐庄经营。一脉神泉，引得显贵、雅士纷至沓来，流连忘返，题咏颂赞。那脍炙人口的诗文，为鲁山温泉平添无限雅韵。

唐代诗人皇甫冉《温泉即事》诗曰："天仗星辰转，霜冬景气和。树含温液润，山入缭垣多。丞相金钱赐，平阳玉辇过。鲁儒求一谒，无路独如何。"玉辇，天子驾乘。诗中描绘了鲁山温泉初冬季的盛景：平阳公主乘着玉辇来此沐浴，当是泉区一大新闻。

宋皇祐年间襄城知县范纯仁来过这里，有诗抒怀："山前阴火煮灵源，昔日曾临万乘尊。历尽兴亡是如此，不随世俗变寒温。"范纯仁历经宦海沉浮，借咏温泉暗喻世态炎凉，抒发不随波逐流的高尚情怀。

"汤谷温泉"为鲁山古八景之一。八景诗多，各有妙趣。

明成化年间淆川教谕江溥："岩前滚滚燠通神，和气氤氲蔼若春。暖浪能削沉痼疾，清波堪浣世间尘。滔滔似箭源辞窦，烈烈如汤气逼人。濯罢冠缨清兴遣，豪吟欢诵化公仁。"

明嘉靖年间鲁山训导蒋希周："水质阴柔性本凉，此泉回别却非常。不焚不烈四时暖，如沸如羹一派长。洗垢莫劳寻汉广，濯缨何必问沧浪。这边美景真堪赏，欲究源头道理茫。"

明成化年间鲁山训导黄桂林诗曰："不假人间薪火燃，自来一脉异寒泉。燠源泡沸煎汤液，炎气氤氲不灶烟。倏忽冰霜宁许近，须臾鳞介岂容前。昨来讲罢希沂浴，顿使平生阴浊蠲。"

明万历年间举人李正儒作《皇女温泉》："灵泓深处玉涓涓，造化谁将薪火传。天地为炉烹日月，阴阳作炭煮云烟。沃膏泻去千疆润，沉疴疗时万姓痊。大治人间莫浪亵，应调鼎鼐重山川。"

清代鲁人孔兴鲁《游温泉》，也别有韵味："溶溶涌自碧山阿，香暖遥分太液波。还忆当年乘翠辇，泉声池水占春多。"翠辇，饰有翠羽的帝王座驾。

今人王国宪写鲁山温泉诗文《鲁山神泉千古喷涌》，古意雅然：

"天神凿伏牛，垒砌炉灶台。取下一块日，堪堪以为柴。生起连地火，烈烈温热来。烘出阴阳流，滚滚香汤开。融合矿泉素，化痹通身舒。调和五行味，消疴养筋骨。熏蒸云雾绕，冉冉紫气出。遗爱四时暖，泽被万世福。商后慕其名，频频而幸临。威仪溢入池，泉水方显尊。公主羡其神，驾辇沐娇身。仙女俱已去，留下万年春。春色随波流，春景撩人心。历史馨香浓，骚客纷沓至。神汤煮文化，暖流淳民风。清波荡身过，邪恶何处生。风正汤有品，涤罢一身仁。无邪泉生德，浴后善念存。一水连千年，明珠宝地嵌。"

第八节　丝绸陆路　始于鲁山

天然华贵，珠宝光泽。

"尽日君王看不足"。

鲁山丝绸，漂洋过海，

"仙女织"蜚声国内外。

一、鲁山柞丝　光耀华夏

尧山地产，驰名天下者，推鲁山丝绸。

这绝世之珍，非人间所有，原是天上云锦，由王母之幼女织女，巧手织成。

织女原在天宫织锦。那彩锦，漫空铺展，时而散为万道霞光，时而凝作片片白云。一日，织女身着锦衣，与众仙下凡来鲁峰山洗浴，被牛郎盗衣而结缘。织女内心也喜欢鲁山四季分明，气候温宜，山清水秀，于是，决然携吐丝之"天虫"，在这儿扎根，教人养蚕织绸。

于是，鲁山绸，就有了美丽的称谓："仙女织"。

　　鲁山自夏代即开始养蚕织丝。东汉光武帝刘秀建都洛阳后，官府即把柞蚕种发给百姓，积极倡导，发展柞蚕生产。到了唐代，鲁山绸已为宫中珍品。县令元德秀常以鲁山绸岁岁进贡。开元二十四年（公元 736 年）春，玄宗命三百里内县令、刺史入京汇演，多少地方官兴师动众，独元县令，仅携几个民间伶人，身着鲁山绸，轻装简从，亲往抚琴献演。主簿刘华劝他："东都献演，非同小可，山野俚曲难登大雅之堂，身着山绸，恐污圣上耳目。"岂料，这种演出形式反而受到明皇与贵妃赞赏，贵妃更是让玄宗通令嘉奖元德秀。

　　世上女人爱鲁山绸者甚众，最爱者两人：一即杨贵妃，一为英国伊丽莎白二世女王。自唐玄宗驾幸东都洛阳，在五凤楼下举行歌舞会演之后，杨贵妃真正爱上了鲁山绸。她体态丰腴，穿着鲁山绸舞衣，衣袂飘飘，舞步蹁跹，姿态迷人，玄宗看得如痴如醉。

另据史载，伊丽莎白二世平日衣着考究，加冕或举行盛大典礼时，必穿上这展示东方神韵的鲁山制装。灯火辉映之下，公卿伯爵群中，身着鲁山绸的女王，益显尊贵典雅、鹤立鸡群！

帝王之爱，对鲁山绸起到巨大助推作用。从此，鲁山绸被视为宫中珍宝，踏上了大唐帝国通往世界的"丝绸之路"。

盛产柞蚕丝绸的鲁山，南控襄宛，北扼伊洛，汉属南阳，唐归洛阳，历为咽喉要道。正是鲁山的柞蚕丝绸，从夏商，直至明清，贯穿五千年，演绎出丝路传奇。

陆路的丝路源头在哪里？在鲁山。

大量柞丝绸，从鲁山，到洛阳，到长安，而后到西亚、到欧洲。

洛阳、西安是起点，鲁山是源点。

瑞士好士门公司专营鲁山绸十余代。

1915年，鲁山绸代表中国，参加旧金山万国博览会荣获金奖。

20世纪二三十年代，鲁山绸在国内外市场一度脱销。

白居易诗赞鲁山绸："择茧缫丝清水煮，拣丝练线红蓝染。""织为云外秋雁行，染作江南春水色。广裁衫袖长制裙，金斗熨波刀剪纹……汗沾粉污不再著，莫比寻常缯与帛。"

姚雪垠的小说《李自成》，刘鹗的小说《老残游记》，都曾着墨盛赞鲁山绸。

二、精美衣料 天然华泽

鲁山柞树，叶质优良，蚕茧乳白中含金黄，丝胶含量小，出丝率高，丝强度大，色泽好，易漂炼，易染色。无论未出蛾之茧，或已出蛾之茧，所缫之丝，其质地的轻软柔韧、光洁雅致，其着色的美丽鲜艳、天然华泽，都首屈一指。

山水鲁山，资源大县，物产良多，货出地道，鲁山柞蚕丝织成的绸子，光彩照人。其挺括程度，柔韧性能，其色泽柔和，丝缕匀称，都优于普通丝绸。

三、柞树成林 宜于养蚕

乾隆《鲁山县志》载："鲁邑多山林，多有放蚕者。"

光绪年间，县域柞蚕业进一步发展。多乡立碑，把"广植蚕坡，保护蚕坡，爱养蚕蚁，严禁抽半、樽节草木"等5条禁令、法规刻诸其上，永远奉行。

尧山景区乡镇皆山，山上尽栎树（柞树）。柞树成林，适于养蚕。

尧山一带，地质奇特，土薄石厚，最适宜柞树生长。山区柞树，多在百年以上，可知养蚕之盛。鲁城西行，看山郁郁葱葱，皆柞树。粗如椽者，树老叶硬，不适蚕食；墩如灌丛者，叶芽鲜嫩，最宜放养。

每年开春，蚕农们开始精心养蚕。先把幼蚕由蛾房抱至河边喂养，然后顶至山坡上放养。其间要多次转场，这么顶来顶去，日夜看护，五六十天，蚕儿就吐丝结茧。蚕农视蚕坡为聚宝盆，把柞树当摇钱树。蚕农有谚："一季蚕，半年粮""筐坡十亩田""宁舍懒婆娘，不舍蚕丝行"，极言养蚕织绸之重。

民国初年，仅四棵树乡，就有 48 家丝绸行，全县有丝绸行 200 多家，织绸机达 5000 多台。外地客商长期坐庄收购。

新中国成立后，鲁山为发展丝绸业，建国营缫丝厂、丝绸厂。

近年来，鲁山县委、县政府强力发展特色产业，设蚕业局，专司帮扶蚕农养蚕之职，并提出打造"家纺之都"。全县有十万人从事蚕丝系列产品的生产、销售。

第三章

天泽神韵 传奇尧山

尧山，传说迷人，故事精彩。

天神留印痕，圣贤有遗响。

它如一部天书，灵光四射。

它是尧山气之所蕴，精之所存。

第一节　先贤高风　名人遗韵

帝尧结缘，刘累避居，墨子著述。

帝王基业的建立，仁爱善政的实施……

这块沃土，因孕育诸多先贤而生动。

这块沃土，因德治天下的帝王而出彩。

尧山，承载历史文明，见证和合荣光。

一、尧帝多情　缔结仙缘

相传，尧山曾经生活着很多鹿群，护卫鹿群的是鹿仙女。鹿仙女美丽善良，法力无边。

黑龙潭中潜伏着一条黑龙，时常兴风作浪，伤害鹿群。鹿仙女决心制服黑龙。她来到黑龙潭边，黑龙从潭中一跃而出，张牙舞爪冲向鹿仙女。鹿仙女施展法术一掌劈下，黑龙瘫软在地，叩头向鹿仙女求饶，表示愿终生为鹿仙女效劳，自此鹿群无恙。

尧帝受命于危难之时。先是十日并出，草木焦枯，继而洪水泛滥，田园淹没。尧帝率领部族开沟排水，凿井掘泉，战胜了水旱灾害，万民称颂。一天，他看见一位仙姿绰约的女子从眼前飘过，顿生仰慕。百姓告诉他，这就是鹿仙女，尧帝从此念念不忘。

春天来了，尧帝进山访察。他走过黑龙潭，来到跑马场，远远看见一位仙子翩翩起舞，身边围着一群驯鹿。尧帝心想，这一定是鹿仙女了。他移步近前，就要施礼，鹿仙女飞身躲到一棵树后，用木梳梳头。待尧帝走近，她又隐身另一棵树后。尧帝再次追过来，追到一个僻静处，突然，从草丛里窜出一条巨蟒，口吐红芯，扑向尧帝。尧帝躲闪不及，摔倒在地。千钧一发之际，鹿仙女一个飞跃而出，把尧帝护在身后，反手一击，制服巨蟒。尧帝感激鹿仙女的救命之恩，打开心扉，倾诉衷肠。后来，鹿仙女成了尧帝的元妃。

二、尧山脚下　圣人故里

尧山村一带，民间流传着墨子的祖父从东都洛阳逃来尧山的故事。尧山村西，至今还有个叫"隐杰沟"的地方，进山十多里的山崖上，刻着"九鱼山下留人根"字样。

墨子，为大禹之师墨如的后裔。其祖父墨箕，是东周王朝管理宫廷典籍文献的大臣。时逢王室内部争夺王位，王子朝（周悼王姬猛、周敬王姬匄之兄）被王子匄打败，携带宫中典籍，从洛阳逃到鲁山。墨箕随行，一路奔波到尧山，墨子就诞生在这里。

相传，墨子降生时，一群凤凰（山雉）在天空盘旋不去。墨母与之感应，遂生下婴儿，取名墨翟。墨翟自幼勤奋好学，善于钻研，长大后成为名扬一方的能工巧匠。他博览群书，学富五车，最终创立门派，自成一家。墨子常常把自己比作山鸡，头上插着野鸡翎，腰里挎着大刀，四处游说，宣扬自己的主张，还广收弟子，兴学讲道。

墨子帮鲁阳公打败韩国，又制止了鲁阳公攻打郑国，立下大功。鲁阳公对墨子十分敬重，想封他做官。墨子以奉养母亲与鲁班的老娘为由，屡次谢绝鲁阳公的封赏。鲁阳公为了把墨子留在身边，就在鲁阳城外的金山环上，为墨子建了一座房子，后人称墨子著经阁。

当年墨子的爷爷住在尧山脚下，墨子的外婆家住在今赵村镇中汤村，墨子的出生地，是尧山镇西墨庙村。尧山凤岭一带，是墨子幼时放牧、砍柴的地方。

那座高耸的墨家垛，是后人为纪念墨子，特意命名的。

三、墨子晚年　隐迹山林

墨子为拯救天下黎民，创立墨家学说。他兴学讲道，四处奔波，止战息兵，安抚百姓。然而直到墨子暮年，天下依然硝烟不断。

墨子心灰意冷，甚至怀疑自己的学说难以说服各国诸侯，于是回到故乡修身养性。他渴饮山泉，饿食野菜，走过的很多地方都留下了地名，如墨庙、黑隐沟、隐杰沟、师庙沟、十八垛、相家沟、黑壕、黑子洞、经塘、大圣人垛、小圣人垛等。

葛洪《抱朴子·神仙传》："墨子年八十有二……入山精思至道，乃得地仙，隐居以避战国。至汉武帝时，遂遣使者杨辽，束帛加璧，以聘墨子，墨子不出。"

墨子隐居尧山故里后，曾到鲁山县与南召县交界的一座大山采药。那里祥光普照，山明水秀，美若仙境，墨子流连忘返，在那里住了很久。当地百姓就把那座山叫作"大圣人垛"。

四、巨人离世　天降陨石

墨子生于公元前480年九月初八，卒于公元前389年农历二月十九，终年91岁。仙逝时，天空雷电轰鸣，大雨倾盆，大地呜咽，百姓痛哭。

那天深夜，一道闪光照亮大地，紧接着，惊雷滚滚，撼天动地。只见一只庞大的火球从天而降，轰然坠落在尧山墨宅旁边的翟岭山上，入地三丈，砸出一个天坑。两千多年过去了，暴雨冲刷，地貌巨变，这颗直径两米多的球状巨石，至今矗立在翟岭山，岿然不动，成为人们追寻墨子遗迹的一大奇观。

五、泥水浸衣　染布术出

墨子平生多活动在鲁阳境内，集中在今尧山镇相家沟村、板房村、赵村镇中汤村和熊背乡一带。中汤村灵风山是他的外婆家，少年时代时常去中汤。

一天，墨子穿着母亲做的白褂子下山玩，天气闷热，就去水坑里洗澡。他脱下白褂，往坑边石头上一摆，跳下水去，溅起的泥水打湿了放在石头上的衣裳，白褂子染上泥点了。墨子心疼不已，赶紧用手搓揉，却无济于事。怎么向娘交代呢？墨子灵机一动，有了主意。回到家，墨子扑通一声，跪在娘面前说："娘，我今天洗澡不小心，弄脏了衣裳，您责罚我吧。罚我前，您听听我的想法。您看，褂子上的颜色搓不掉，咱要是专门把白布埋到水坑下面的污泥里，时候长点儿，白布不就有了颜色吗？"娘一听有道理，一把拉起跪着的墨子，点点头，表示赞许。

外婆在屋里听见了他们的话，手托一块刚织成的白布走出来，说："我都听见了，就让孩子去试试！"墨子高兴极了，三步并作两步，跑到水坑边，要把白布埋进黑污泥。又一想，刚才衣服是团着放在石头上的，溅上去的污泥斑斑点点，这次要把颜色染均匀，把白布伸展开才好。他把白布抻平，放到坑底，再捧起污泥，均匀地盖在布上。约莫一个多时辰，捞出白布一看，只见黑中带蓝，蓝中带黑，白布有色了！

墨子喜出望外，赶紧告诉外婆和娘，她们也非常高兴。

墨子举一反三，从中悟出道理：用不同颜色的泥土，可染出不同颜色的布。他到附近找黄土，用水泡湿，挖成坑，染黄布；找来紫色的碎石渣滓，把白布染成紫红色。经过多次试验，墨子坑染白布达到炉火纯青的境地。为了让更多的人学会染布，墨子干脆就近住到中汤村西的三官庙里，毫无保留地把染布的方法教给乡邻。

一传十，十传百，没过几天，十里八村，人人仿效。后人把墨子首次染布的泥坑，称为"染布坑"，把他发明的染布术称作"坑染术"。这一技术一直流传到 20 世纪 60 年代后期。当年，墨子把染成的湿布晾晒在离水坑几十丈远的山崖上，后人就把这座山崖称作"晒布崖"。

《墨子》一书中，"染于苍则苍，染于黄则黄"和"近朱者赤，近墨者黑"等名言即源出于此。

至今，中汤街还流传有这样的歌谣："中汤街西一庙院，里头坐着三平官（天官、地官、水官）。墨子染布庙里住，王母看染到凡间。"

六、师法自然　精益求精

坑染丝布，利用橡壳煮水，丝布蘸橡壳水浸揉后再抹黑泥，摊开暴晒。如此再洗再蘸再浸揉，使布料颜色逐渐加深。

这种染布方法，是墨子发明完善的。墨子会做好多机械，有一次，墨子要做床，就带着弟子到山里伐木。下雨了，橡壳水滴在白布褂上，褂子变黑了，无论怎么洗也不褪色。墨子想：坑染白布加上橡壳水效果岂不更好？于是，他和弟子们反复实践，摸索出了橡壳水煮布、再抹泥的坑染方法。

坑染法一兴开，染布的人越来越多，需要的橡壳也越来越多。当时缺乏交通工具，弟子们经常挑着竹筐，到山里捡橡壳。有一天，他们来到离中汤 16 里的红佛山。这里林密沟深，站在高处喊叫一声，整个山谷都有回音。山顶有个石洞，约有 3 间房子大，里面干干净净，好像有人住过。石洞里有一块凹面的圆石板，好像一口锅。洞外还有个土坑，常存着一坑水；土坑前面，有一石崖，陡峭如切，直上直下，高约 20 米，长约 30 米。弟子们也顾不上捡橡壳了，只觉得这地方好玩，便把师父墨子也请上山来。墨子看罢，高兴地说："这是个天然的染坊啊！"

于是，凹石板成了染锅，土坑成了染坑。墨子带着弟子们在这里开染坊，染了很多布。

两千多年过去了，墨子作为染织业的祖先，受到代代后人敬仰。人们为他塑了金像，放在石洞里，这石洞就成了墨子洞。

七、讲仁守义 亮节高风

昭平台水库建成前，这一处众水汇流、群山相向的地方是一片冲积沃野，散落着仁义庄、下河庄、上村、郭楼等古村落，还有一个繁华的耿集镇。

相传，仁义庄的名字，是墨子起的。金山环原来叫南坡，仁义庄原本叫杨庄。墨子为潜心著经，在南坡这处幽静之地住了下来，读写之余，常到仁义庄转悠，与百姓拉家常。村民有什么烦心事都向他诉说。墨子先是认真倾听，听明白了，再说出自己的见解。百姓们听了，豁然开朗，大家总是盼着墨子以后再来。盛情难却，墨子干脆隔三岔五就来村里讲经书，让乡亲们尚德明理。他说："人之为仁，必兴天下之利，除天下之害。天下之人皆相爱，强不执弱，众不劫寡，富不侮贫，贵不傲贱，诈不欺愚。"仁义庄人渐渐明白了许多道理，全村人团结互助，互敬互爱，形成了良好的乡风。

那个时候，仁义庄只有姓杨的几户同族人家。有一天，一个讨饭的人携妻儿来到这里，见天色已晚，放下挑子，拿出锅来生火做饭。刚把锅支稳，狂风骤起，一家人围成圈想要挡住狂风。男人用双手在地上挖坑，以保火苗，挖着挖着挖不动了，原来下面是一个大石槽。心想，把石槽清理干净当火坑也好。一清理，却发现里面有硬硬的、圆圆的东西。就着火星细看，愣住了：满满的一石槽金元宝！女人流着泪喊："天哪！您终于开眼了，我们再也不用讨饭了！"男人思索片刻，断然说："我们虽穷，物归原主才是天理。"

谁是原主？他们看见不远处的草房里有微弱的灯光，就走了进去。草房里的人见天这么晚，来了几个要饭的，很是同情，赶紧烧水做饭。讨饭的男人几次开口，都被热情的主人给挡了回去："先吃饭，吃饭，孩子们饿着呢！"等吃完饭，男人拿出一大袋子金灿灿的元宝，说明来由，双手递给草房主人。草房主人坚决不要。讨饭的男人说："这地是你们的，金子自然也是你们的。"草房主人说："这地确实是我的，但金子绝对不是我的。老兄，你拿着吧，就在这儿落户，我们做个伴儿。"于是，一家人就在这儿落了户，并许下心愿：此地给我一槽金子，我将来还这里一座金山。

这新来的一家，拿出金子购买田产，经营生意，不久发迹，在村西南盖了一座庙，名叫"金山寺"，年年上香还金子。久而久之，寺的旁边耸起一座山峰，自带"金山还"三个大字。墨子闻讯十分高兴，当即书写"仁义庄"村名，制成大匾，挂在村口。从此，杨庄便更名"仁义庄"，"金山还"逐渐演变成了"金山环"。

八、龙潭河畔　金壶玉碗

尧山镇上坪村有条龙潭河，河道上有两个大石头。河道北边是个石柱，足有十米高，酷似茶壶，顶部有一个石尖突出，很像壶嘴，朝着河的对岸；河水南边是一块圆形石板，中心有石窝。石窝内春夏秋冬都贮有清水，满而不溢，清澈如镜。当地人称这两块巨石为"金壶玉碗"，相传是刘秀留下来的器物。

当年，刘秀率兵马至此，人马汗流浃背，饥渴难耐。看到龙潭河河水清澈，想要饮水，又怕河水冰凉，喝下去会生病。刘秀仰天叹曰："若老天有眼，赐俺水壶水碗，犒劳军将，助我刘秀光复汉室江山。"

刘秀话一出口，果真眼前就摆出了茶壶茶碗。刘秀急命人取水烧茶，将士们尽情畅饮，精力倍增。莽军逼近，刘秀急忙挥师南下，水壶茶碗就留在了这里，化作石壶、石碗。

从古到今，天再旱，石碗中的水从未干枯，即便将水全部舀出，过不了多长时间，水位依然恢复如初。

九、累祖墓前　刘秀招兵

为躲避王莽追击，刘秀率兵辗转来到婆娑庄，在附近的山林里暂避。他带着几名心腹，拨开繁杂的灌木丛，来到山林深处。见有座黄土冢，隐没于丛草间，像个蓬头垢面的老人。"快看，石碑上有字！"一兵士拨开乱草，赫然看见斑驳的石碑上依稀几个大字："御龙氏刘累之墓。"刘秀大喜，忍不住流下泪来，原来是先祖刘累安葬于此。

刘秀清理了坟前乱草，又添了几捧新土，燃草为香，虔诚叩拜，口中喃喃道："刘氏先祖，今天相逢，应是天意。我与敌周旋，避居在此，敌众我寡，如何才能克敌制胜？还望先祖启示。"

叩拜完起身，刘秀掸掸衣服上的尘土，蓦然看见不远处，两名士兵并肩而行，灿烂的日光照在他们肩上，一派祥和。刘秀心中灵光乍现：这不是一个"昆"字吗？不远处，就是昆阳城，莫非我和王莽的大决战，就在昆阳？

想到这儿，刘秀心潮澎湃，当即决定在此处设招兵台，号令百姓，奋起反抗王莽暴政。

刘秀的招兵帖一发，很快，就聚集了将近2万义军。

次年，昆阳大战打响，刘秀以2万兵力，击败了王莽42万大军。这场以少胜多的战役，为刘秀中兴汉室奠定了基础。

两千多年过去了，招兵台上，石案、石几已无迹可寻，唯有当年遍插旌旗的一个个座孔尚存，印证着那段刀光剑影的历史。

第二节　神峰天降　青山有藏

群仙聚立云端，旌旗猎猎。

一场伏牛大战，震撼上演。

金鸡报天曙，群仙化山峰。

造化之奇，神话瑰丽。

一幅水墨丹青，惊艳、惊喜、惊叹！

一、伏牛大战　众神化峰

传说很久以前，中原一带连年遭遇灾情，农田荒芜，民不聊生。天宫中负责为王母娘娘耕作蟠桃园的白牛心生怜悯，偷偷下凡为黎民耕地，违反了天条，王母娘娘传令把白牛困于东海。白牛的师弟蟾蜍精吸干东海水，救出白牛。白牛大反天宫，玉皇大帝派二郎神带领天兵天将征伐白牛，战场就在豫西山区。王母娘娘亲自督战，四支蜡照亮夜空，最终白牛被俘，囚禁白牛城。玄天童子叩拜老君求取仙丹救白牛，猴子拜观音，请观音洒下甘露，消除白牛伤痛。白牛伤愈，抵破白牛城，化为八百里伏牛山。鸡鸣天晓，天兵天将来不及躲闪，瞬时化为尧山七十二峰，王母轿也遗落在这里……

二、白龙飞天 坠落瀑潭

过千丈岩，可听到水声轰然，有一瀑布挂在山巅。那天河之水，从悬崖上跌下来，闯入山腰洞穴。洞满溢出，泻入山脚深渊，俨然水帘洞天，这就是白龙潭。

据说，白龙在山腰水帘洞居住。一天，它正在洞府端坐，忽听战马嘶叫，兵刃撞击。掐指一算，是好友白牛正遭到天兵追捕，危在旦夕。白龙赶紧喷云吐雾，飞上半空，搭救白牛。天兵天将大怒，从东海龙王处借来赶龙鞭，鞭打白龙。白龙被抽打得伤痕累累，终因伤势太重坠落山谷，幻化成这条瀑布和清莹碧透的白龙潭。

三、城囚白牛 洞藏神话

尧山景区有一座雄伟壮观的石头城耸立云端，是座巧夺天工的天然城池。城有四门四关，东、西、南三门为石缝，北城门更窄，游人须侧身挤过。四道城门外，有四条山沟，俨然城外四关。四门外各有一石峰耸立，传说是把守城门的四大将军。

从北门侧身进入，内有一座土地神庙，据说土地神住在这里。旧时，官府和百姓都到土地庙烧香祭祀。在十余丈高的西城墙内，有一处天然石洞，传说是囚禁白牛的山洞。

白牛触犯天条被天兵天将追捕，终因寡不敌众被擒获，就囚禁在这座石头城的洞中。玄天童子、普贤菩萨、猴子、凤凰、金龟、八戒、老鹰等都纷纷出手搭救，白牛使出浑身力气，抵破白牛城北城门，因伤势严重，倒地化作了八百里伏牛山脉。

为了纪念白牛，人们在山下修建了牛王庙。为感谢玄天童子、普贤菩萨搭救白牛，人们修建了元华宫、泽恩寺，世世代代烧香祭祀。因为白牛的传说，后人便把这里称为白牛城，把囚禁白牛的山洞称为白牛洞。

四、神鸡报晓　唱日山巅

尧山有座报晓峰。据传，这是天庭中的一只神鸡，每日早晨亮嗓报时。玉帝封它做司辰官，专为天界各路神仙通报时辰。伏牛大战中，神鸡为帮白牛，冒着风险提前报晓。天兵大将鏖战正酣，忽闻鸡鸣来不及返回天宫，一个个被定格山中，化为72座将军峰，神鸡也化为山峰，屹立峰巅。

五、王母弃轿　遗落尧山

在白牛城对面，有一块巨石耸立在山巅，俨然一顶古代的轿子，轿门还敞开着。据说白牛神通广大，天兵天将难以捉拿，王母娘娘放心不下，亲自乘轿前来督战。神鸡突然报晓，王母怕误了时辰，急忙升天，慌乱中丢下"座乘"，轿帘突然掉了下来，轿门至今敞开。如今，王母的轿子仍留在山巅，掉落一旁的轿帘化为轿帘石。

六、巨石屹立　状如剑戟

在石人峰北侧，有巨石屹立，顶端呈锯齿状，像排列着的刀枪剑戟，煞是威武。传说是天兵天将收缴神牛的武器，摆在这里，成为剑戟峰。

剑戟峰乃花岗岩石壁，只有北侧可以攀登。峰顶有古松数十棵，石壁上有凸纹缠绕，好似神龙盘踞，又称九龙台。传说是玉皇大帝怕武器库有失，派9条龙镇守，故得名。

七、二郎杨戬　压日成泉

后羿射日，箭无虚发，接连射掉7个太阳，待要射第8个时，因弦绷得太紧，用力过猛，弓弦断为两截。余下3个太阳仍在天上与人类作对，人间酷热难耐。玉帝又派身怀绝技的二郎神杨戬，把太阳赶到适当的地方去。

二郎神择吉日按落云头，变作一个年轻力壮的小伙子，砍树削成扁担、做成搭杵，以备挑山时换替肩膀。由于砍下来的木渣太多，堆在山岭上，后人就把这条山岭叫作"木渣岭"。"渣"与"札"同音，念着念着成了"木札岭"，即鲁山县与嵩县交界的山岭。

二郎神在木渣岭北选择两座大山，念了一个咒语，用"缩地法"把山头缩小，挑起来往东走。放下歇息时，系山的绳子断了，两座山散落在地，碎成了十八垛。

另有传说，二郎神肩挑大山向天边奔走，曾借宿在一座破庙里，后人就把这座破庙称作"二郎庙"。人因庙聚居，又有了"二郎庙村""二郎庙乡"。今更名为"尧山镇"。

翌日，二郎神继续赶路，又饥又渴，遇到一位鹤发童颜的老丈，送来烧饼和水，说："小神离此不远，专程为您送吃的来了。"二郎神听说"小神"二字，知是玉帝安排，放心享用。后人得知，老者是张灶君，遂在附近修庙祭祀，取名"灶君庙"。今尧山镇灶君庙村就是当年灶君庙所在地。

二郎神马不停蹄赶到太阳近旁，一边担着大山，一边用桑条赶着两个太阳往前走。来到一条河边，见一村妇在洗衣。村妇上前打招呼："这位壮士，歇歇脚吧，挑这么大两座山，不怕把扁担压折？"村妇话音刚落，二郎神肩上的扁担咔嚓一声断为两截，再看村妇，哪里还有踪影！二郎神心知这是菩萨暗中点化，随即把扁担一甩，顺势把一个太阳不偏不倚压在一座山下。另一个太阳想往东跑，二郎神紧追几步，甩出大山，也把它压在山下。

两个太阳被压在地下，发泄热量，把地下的水都烧滚了，化为百里温泉带。天上留一个太阳当值，朝升夕落，四季轮回。压住第一个太阳的地方，就在上汤玉枕山佛泉寺下的温泉出露处，压住第二个太阳的地方，在中汤灵凤山下墨子坊附近。

第三节 趣闻轶事 扬名四方

趣闻轶事多，散落山水间，
生动有趣、精彩纷呈。
时光荏苒，岁月更迭，
依然情思缱绻，荡气回肠。

一、天书廊处 刘秀得书

相传，汉光武帝刘秀为恢复汉室，到处搜求人才。有天傍晚，刘秀经过尧山时迷了路，隐约看见一个石人，心知这必是神仙，便恭敬求问哪里能得来人才。石人告之："子时便知。"刘秀想：可能是到子时告诉我吧。便倚坐在大石头上耐心等待。坐着坐着，竟迷迷糊糊睡着了。蒙眬之中，一位须发斑白的老翁向他走来，交给他一本书，一言未发，飘然不见。刘秀惊醒，正是子夜时分，果然看见身旁放着一本书。刘秀高兴异常，按着天书的提示，走南访北，访得二十八星宿，做他的左膀右臂，终于打败王莽，建立了东汉王朝。

天书廊，就是传说中刘秀得书处。据传，这里常有群仙会聚，又名聚仙廊。

古代曲剧《二进宫》中也有相关情节。戏词曰：昔日里有个汉小王，一十二岁走南阳。走在途中迷了路，看到石人站一旁。问他十声九不语，马上激恼汉小王。呼啦啦宝剑出了鞘，要斩石人一命亡。石人怕死开了口，眼前指出路两行：一条路通向南阳府，一条路去向鬼神庄。南阳府寻来马子张，鬼神庄请来铫期将。二十八宿已拜定，共保汉王坐朝堂。

二、挂鼓崖上　千年绝响

鲁山县城西南百余里，有座山叫挂鼓楼。据传，这里是白莲教女首领王聪儿英勇就义的地方。

襄阳白莲教的首领齐林之妻王聪儿，原是个江湖卖艺的女子，从小练得一身好武艺。白莲教起义失败后，王聪儿被大家推选为首领。她决心给丈夫和牺牲的同伴们报仇，就和齐林的徒弟姚之富一起，重新整顿队伍，暗中继续筹备新的武装起义。不出一个月，就组织了一支四五万人的义军，攻打官府，惩办贪官污吏。王聪儿率部西行至鲁山县四棵树乡，见山势险要，群峰巍峨，易守难攻，遂屯兵于此。一边在文殊寺读经念佛，稳定军心；一边操练兵马，宣讲"黄天将死，苍天降生"。

嘉庆帝见起义军声势越来越大，慌了手脚，连忙命令各地总督、巡抚、将军、总兵等大小官员，派出大批人马镇压。可是那些将官们只知道贪污军饷，不懂得怎样打仗。王聪儿分兵三路，不正面迎战，专拣山间小路，分分合合，忽南忽北，游击作战，把围剿的官军打得晕头转向，疲于奔命。

嘉庆帝见围剿失败，急忙下了一道诏书，撤职的撤职，罪罚的罪罚，严令集中兵力，全力围剿。

王聪儿带着两万多人的队伍，来到四棵树西部的深山老林，把战鼓挂在一处悬崖绝壁上，刻苦训练。那战鼓不敲自鸣，人们都说苍天开眼，不由士气大振。方圆几十里的老百姓，主动给义军送粮。将士们倍受鼓舞，愈战愈勇。面对官军的围剿，王聪儿临危不惧，指挥义军退守山崖，迂回作战。官军从山前山后密密麻麻包抄上来，义军顽强抵抗，终因寡不敌众，失败了。王聪儿和姚之富眼看突围不成，退到山顶，纵身从陡峭的悬崖上跳了下去，英勇牺牲。其他义军也紧跟着跳崖。悬崖上鼓声震天，群山回响，众鸟惊飞，群兽静默。

官兵退去后，文殊寺的僧人和当地百姓怀着沉痛的心情前去安葬义军将士，奇怪的是连一块尸骨也没找到。抬头一看，悬崖上的绿草和树木都变成了红色。一阵风来，那红色的草木飒飒舞动，战鼓咚咚……

为了纪念义军，当地人就把这座山峰叫作"挂鼓楼"。

三、文殊圣母　普度众生

鲁邑西南有山，山上建有文殊寺。寺中古木参天，仙气缭绕，香火旺盛。

相传三皇五帝时，神农氏的女儿温柔贤淑，取名文殊。她心怀悲悯，常做善事，功德圆满，成为文殊圣母。圣母想要择一处风水宝地授传弟子，每日乘船找寻，看到的却是无穷无尽的人间争斗，戾气弥漫。不禁哀叹，天下之大，竟难以找到一块清修之地。忽一日，遇见一个水湾处的洞穴，被群山环绕，幽静无比，便停船于此，建草屋为庵。说也奇怪，草庵刚建起，湖水退去，露出一片山野陆地。于是，圣母决定在此修身养性，普度众生。

文殊圣母以自己的名字加上洞穴之"窟"和停船的水湾"沱"相合，就有了文殊庵俺窟沱之名。她在此修炼，广收弟子，当初的草庵拓展为规模宏大的寺院，文殊庵俺窟沱寺声名远播，俗称文殊寺。

四、献礼祝寿 佛泉沐身

农历四月初八，是释迦牟尼佛诞生的日子，也称浴佛节、佛诞节。每年四月初八，天上众仙、地上众神纷纷携礼，为佛祖祝寿。

织女怀揣一卷画轴，来得最晚。众仙见她礼轻，担心佛祖会生气，劝她躲一躲。织女不躲，反而从从容容来到佛祖面前，恭恭敬敬行礼，呈上画卷。佛祖当即展开，但见黄绫锻上绣着青山河溪，莺歌燕舞，龙盘凤飞；中间一潭碧水热气蒸腾，云影浮动。众神仙看得入迷，赞不绝口，但不解其意。太白金星施礼问织女："此画画工绝佳，画意何在？"织女答曰："不瞒众位神仙，鲁阳西部百里，玉枕山下有热泉喷涌，寒冬季节洗浴，强身健体，活血消瘀，舒筋活络。今佛祖生日，特借画卷昭告各位。"

佛祖闻织女所言，大喜，深感织女所呈画卷别出心裁，当下邀诸位佳宾，宴后到温泉沐浴。众神酒后结伴腾云来到玉枕山下，一番沐浴，果然神清气爽。

自此，这潭热水就叫佛泉。泉边建寺，名曰佛泉寺。

五、煮泉为饮　苍岩做伴

尧山有一奇人叫范学俭，人称"范半仙"。他原籍赵村镇白草坪，民国时期为避兵乱，独居深山，一住70年。

年年岁岁，他在栖身的石洞前开荒，种芋头、秫谷、萝卜，山上的野果、山菜，都是他的果腹之食。山中岁月长，寒尽不知年，只能靠景物变换来分辨季节。

山中独居，常遇危险。夜晚，当他生起篝火取暖时，火光引来野兽，那一双双幽蓝凶恶的眼睛非常瘆人。他就砍些竹子放进火里，竹节爆响，野兽们不敢近前。有一次，他爬上石壁采金钗石斛，一不小心，摔下山崖，幸被一片乱树丛架住，才幸免于难。还有一次，他爬树摘山杏，蓦然回首，发现树下有只金钱豹盯着他。他摘下几颗杏果扔给金钱豹，金钱豹摇摇头，反而卧了下来。他吓得浑身冒汗，只好坐在树杈上磨时间。足有几个时辰，那家伙才伸伸懒腰，极不情愿地离去。

长年在深山老林里滚爬，"范半仙"练就了强健的体魄。他攀崖爬壁如履平地，穿峡过涧脚下生风。时间长了，山中的动物似乎都认识他。顽皮的猴子经常结伴来逗他，鸟雀在他木屋周围的枝头上筑巢搭窝。野蜂成群拥向他的茅舍，为他酿蜜，多的时候，一年能收几百斤。他就把这些蜂蜜分送给山下的乡亲们。

天天在山林间穿梭，他认识了上百种中草药，并知道它们能治什么病。他的茅舍周围，专门种植了一些常用的中草药。雨淋受寒，他采些辛夷花加竹叶熬茶；碰破手脚，就把茜草根捣碎成糊，敷上去，止血又止痛。山下的村民没钱治病，他就对症采几种草药送去，药到病除。他能说出几十种治病单方，如：蜂蜡煎鸡蛋，健胃消食；蜂蜜炸核桃仁，止咳祛痰；青木香专治毒蛇咬伤；杜仲皮加续断，治手脚扭伤。人们称他"半仙"，与他治病灵验有关。

他也曾有过一段短暂却甜蜜的婚姻，妻子不幸因病早逝，他大哭数天不吃不喝。为了和妻子永远厮守，他就把妻子遗体厝在茅屋旁的竹林里，系一个铃铛，线绳拉到床头。想她的时候，就拉响铃铛，默默诉说着思念。此情此景，感人至深。

他不识字，记忆力却超强。几十年前的事情他记得清清楚楚。建国豫军司令樊钟秀曾在尧山屯兵，如何盖房子，如何给乡亲们发银圆，多年后，他仍然说得有头有尾。范半仙的度量概念也很特殊：论长度是"一拃，一尺，一步，一庹"，论时间是"一崩子"（一会儿的意思），"秋头哩"，"年时个"（去年的意思）。有游客看中了他的中草药，他说："随便拿吧！"给他钱，他说："多少都中。"其实，他连钱也认不出来，为此没少受骗。尤其是"寻宝热"那阵子，来了两个手持湖南省岳阳市民政局"介绍信"的陌生人，说是受汤恩伯副官李某某的委托来寻找 1944 年汤恩伯藏在山上的"财宝"，承诺说，能帮忙找到财宝就给他一个亿！半仙正想要筹资在山上建道观，便信以为真，管吃管住，整天背着打金钗的大绳，攀山越涧，找遍了山里的每一个山洞，最后什么也没找到。

1945 年，河南人民抗日军皮定均部在这片山区活动，1948 年前后解放军来尧山剿匪。"半仙"作为"山里通"，为部队当向导、送密信、烧水做饭，待若亲人。部队撤走时，有位姓张的首长对他说："这里风光好，是座宝山，你要看好它，将来我们还会再回来。""半仙"记住了这句话。新中国成立后，政府要他下山他不下，给他分地他不要。他说他要在这里看山看妻子。他把山里的一草一木都当成了自己的命根子。1958 年大炼钢铁，成立"石人山伐木场"，进山伐木砍树，他气得怒目圆睁。山下乡亲劳作需要工具，他怕上山乱砍，就自己找干枯小树制成工具送给他们。直到景区开发，时任鲁山县长张柳松来到尧山，和他同住茅屋同吃山菜，别人介绍说："这是张县长，是领着大家开发搞旅游的，要让更多的人看到这里的好山好水。"他紧紧拉住张县长的手说："咦！张首长，我等你几十年了啊！你咋才来哩？"

20 世纪 80 年代末期，尧山美丽的风光被越来越多的人知道了，探险考察者络绎不绝，"半仙"的茅屋就成了这些不速之客的休憩之地。范半仙也自然成为探险考察者最得力的不收费的向导。

1985 年 10 月，河南电视台在尧山拍摄专题片。记者们被范半仙的传奇经历所打动，拍摄了纪录片《深山独居人范学俭》，在河南电视台播放。这位与世隔绝半个多世纪、鹤发童颜、留着清朝长辫的老人，一夜之间成了新闻人物。

1993 年，县里修了通往尧山的公路，"范半仙"成为景区开发的活地图。他顺着公路走到山外，看到那些摩天接地的高楼，自言自语说："咦！恁高，咋上去哩？"看到火车飞跑，说："这家伙，比老虎劲还大。"面对外面的世界，他发出由衷的感慨："外头这世界，真大！"

这里还有一段范半仙进城的趣事。有一次，山下来人找老范，他没在家，来客等了一会儿，老范背个化肥袋子回来了。

来客便问："半仙哪里去了？"

老范说："进了一趟城。"

来客问："啥时候去了？"

老范答道："吃罢早饭。"

来客诧异，真是神仙？县城距此有七八十公里，还有十多里山路不通汽车，需要步行，不到半天工夫他竟能一来一回，怎么可能？遂细问究竟，才知道老范去的是白牛城，两人笑得直不起腰来。

1998 年 9 月 16 日，范学俭因病去世。他的遗体就安葬在半仙居他亲手栽植的竹林里，陪伴着他的妻子，也永远守护着这一方青山碧水。

六、剪纸仙手　奇人怪才

　　李福才，尧山脚下下汤镇老君坪村人，生于1942年农历十二月，逝于2013年9月。著名民间剪纸艺人，作家笔下多以"神剪""剪纸仙手"称之。未闻其名、未见其人者，想其生前，定然是鹤发童颜，风度翩翩，洒脱飘逸，一副不食人间烟火的样子。其实，长年寓居下汤一隅的李福才，目不识丁，左腿稍跛，一眼失明，发音迟钝，吐字不清，寡言少语，低头走路，类于痴傻之态。谁能想到，这位状容疯癫的剪纸艺人，竟遐迩闻名，是真正的民间艺术家！

人奇，经历坎坷。李福才出身贫寒。出生那年，正赶上豫西久旱不雨闹灾荒，百姓用草根树皮填肚子。屋漏偏逢连阴雨，李福才幼年患小儿麻痹症，无钱医治，留下残疾，说话吐字不清、结结巴巴，嘴角经常挂着口水；左腿明显比右腿短，走路一瘸一拐，看外貌就像个低智人，农村俗称"憨子"。后来眼又患恶疾，因山里缺医少药，李福才的父亲万般无奈，将儿子绑到凳子上，让乡村医生手持钢针将箍在眼珠上的红丝挑尽，再用柳条蘸香油清理。医治的结果是李福才的右眼瞎了，侥幸留下一只左眼。爹娘望着左腿瘸、右眼瞎的残疾儿子，只能长叹气，心里充满了凄苦与苍凉。入学读书对于家徒四壁、清贫如洗的穷困农家来说，实在是海市蜃楼，遥不可及。就这样，李福才的童年，一直浸泡在苦水里。

爹娘去世后，李福才的哥嫂对他关爱有加。可他个性孤僻独来独往，加上痴迷剪纸，便以自己一个人过惯了为辞，与哥嫂分家另过。自己晚上就睡在土坯垒帮、堆满山草的地铺上，过着食不果腹、衣不遮体的日子。

目不识丁的李福才是如何学会剪纸的呢？专家认为他是"外师造化，中得心源，成于了悟"。李福才走火入魔地学剪纸。他数十年如一日，把自己的整个心魂都融进了剪纸技艺中，可谓"面壁静坐参禅，以致影像入石"，达到天人合一、物我浑一的神奇境界。因此，他在剪纸前，从不用构图设计，待剪刀挥动，心源内的意象就喷薄而出。那剪刀就顺着人物和鱼虫鸟兽的物态天趣，随意扭拐，尽情挥洒，得心应手，游刃有余。

就这样，残疾的李福才不管上山拾柴、下田干活，都随身携带一把剪刀。没钱买纸，他便以塘里的荷叶、山上的槲叶、路旁的桐叶为料，看见啥学剪啥。农田劳作、牧牛放羊、鸡鸣狗叫、春祈秋报、过年走亲、绿水青山、虫鸟花草……终于悟到了万物的神态与灵性。

李福才一生没有娶妻成家，结婚生子，但他有爱的向往与追求。在他所剪的《牛郎织女卷》中，有一幅《男耕女织》，当人们问到它的含义时，李福才笑得合不拢嘴，解释："牛郎对织女说，你在天堂多享福啦，怎么来人间跟着我受罪？织女说，那还不是为了你，我才下凡的。咱俩凭着一双手，你耕田，我织布，照样过上好生活。"

才怪，名满天下。虽无艺术家的风采，但李福才头上的光环却耀眼夺目：中国民间文艺家协会会员、河南省非物质文化遗产传承人。1993 年，中央电视台《神州风采》栏目曾专题播出其事迹和作品。其《百鸟朝凤》《十二生肖》《老鼠嫁女》等作品在首届中国民族民间剪纸大赛中获奖；新华社、《中国文化报》、泰国《世界日报》等媒体都曾予以隆重推介。2009 年，李福才剪纸荣登河南省非物质文化遗产保护名录；2010 年，中国牛郎织女特种邮票发行，李福才剪纸又荣登国家名片，其作品《男耕女织》《鹊桥相会》被邮票珍藏册选用。

最早发现李福才的是 1988 年时任赵村乡文化站站长的常相生。李福才有个表姐，住下汤西 20 多里的赵村街。李福才来走亲戚，帮他表姐挑猪圈里的粪，见孩子们放学，就拿出剪子给孩子们剪燕子、蝴蝶、小鱼。常相生一见，大吃一惊，喜出望外：剪纸高手！当即把他请到文化站里，管吃管住，让他可劲地剪。十多天里，李福才接连剪出了《龙飞凤舞》《十二生肖》《鸳鸯戏水》等 60 幅形式不同、个性鲜活的剪纸作品。1990年，平顶山市举办首届民间剪纸艺术展览，李福才的作品参展，被河南省著名民间艺术家倪宝诚发现。倪老高兴得手舞足蹈，他觉得李福才的剪纸，激情洋溢、魅力四射，具有鲜明的豫西地域特色，是地地道道的、原汁原味的中国民间艺术。之后，李福才便登上了央视。

艺高，剪剪生情。李福才的作品，生动有趣，百看不厌。看《老鼠娶亲》，十几只老鼠有的敲锣，有的打鼓，有的吹喇叭，有的抬轿，有的手里拿着酒，有的肩上扛着布袋，神态分工各不相同；看《猴吃仙桃》，妙在猴鼻，嗅觉灵敏的猴子偷吃仙桃的动势令人馋涎欲滴；看《八戒背媳妇》，妙在八戒脸上，八戒背着媳妇的那个高兴劲儿，甭提了；看《花果山群猴图》，老猴成熟稳重，小猴天真稚嫩、顽态可掬，群猴中间有两个山鬼面孔狰狞，让观者有亲临花果山、水帘洞之感。剪纸《百鸟朝凤》内，40 多只不同形态的小鸟朝中间那只凤凰飞翔，小鸟中有的展翅高飞，有的引颈高歌，有的勾头瞭望好像在呼唤同伴，个个独具灵性，栩栩如生，让观者赞不绝口。可谓幅幅有故事，个个有情节。《老鼠嫁女》这幅剪纸于 1992 年被中国美术馆收藏。更妙的是他不用构图，无须思考，搭纸即剪，手到擒来，仿佛胸藏万壑，形熟于心；世间万物，无所不能。说得出名堂，剪得出图形。人说："福才，剪个看电影的吧。"瞬间，现一幅画面：乡野空地上，黑压压一片人群，前面一方布景，一架机子射一束光柱到幕布上，却是农村演电影的场面。旁人看出毛病了，问他："前边这几个人咋高呢？"福才木讷着，说："这不，这几个人站着挡了后边，后边这个人正伸胳膊让前边这个人坐下呢。"仔细分辨，确乎有一人正伸胳膊，观看的人不禁都笑了。人又说："福才，剪个打仗的。"画面上，当官的四个兜，大檐帽，手掂盒子枪，耀武扬威，当兵的长枪在肩，畏畏缩缩。人问："你咋知道这当兵的与当官的不一样？"福才回答："电影上不都是这样演的吗？！"有人戏谑说："福才，剪个打架的。"福才扑闪几下独目，头一点："中啊。"须臾，一幅剪纸出来，是一座山坡上，两个孩子在打架，高个儿的舞拳直朝小个儿头上击来，小个儿只有招架之功没有还手之力了；不远处，一头牛和两只羊正在悠闲地低头啃草——却是一幅妙趣横生的牧羊图，让人忍俊不禁。一次县长去看他，福才高兴，说："县长，我给你剪一幅吧。"县长暗忖，人说福才无所不能，我要考考他，福才没老婆，就让他剪个怕老婆吧。谁知，福才虽没老婆，却是晓得怕老婆的男人对老婆那是言听计从，服服帖帖，叫干啥就干啥的。少顷，画面上，一悍妇坐在椅子上，叼着水烟袋，舒服地吸着，丈夫表情虽然有些不情愿，但又无可奈何地正在为她洗脚。县长乐了，说："福才，你真行！"

更令人叹为观止的是，李福才的剪纸，同一题材，表现手法多样，没有固定模式，幅幅不一样，幅幅是精品。没人说得清他剪了多少幅《百鸟朝凤》《龙凤呈祥》，没人说得清他剪了多少幅《十二生肖》《老鼠嫁女》，长的宽的，方的圆的，菱形的，对称不对称的，大小不同，形态各异，千变万化。很小的一张纸，就能容得下十二生肖。李福才剪得最多的，是婚嫁的迎喜和春节的接福，不同场景，不同人物，不断变幻。按说他不识字，却把"福"字、"春"字和"喜"字剪得风韵各异，充满生机。李福才晚年，县文化局倾力保护非遗，出题点题，让他剪出了不少作品，专家感叹说：这是无价之宝啊！

李福才的作品，就像珍藏在地下数千年的老酒陈酿，余味无穷。专家评价其剪纸古朴厚重，磅礴大气，蓬勃生动，虚实相映，夸张与变形结合，充满浪漫色彩，具有超凡脱俗的中华优秀传统文化遗韵。

第四章

山珍地产 丰饶尧山

家居大野尽山货，四季尝鲜菜样新。

适宜的环境，使这方物产丰饶无比。

山珍，药草，工艺品应有尽有。

时绕麦田求野荠，强为僧舍煮山羹。

纤手取来入玉盘，何妨永做尧山人。

第一节 山珍野菜 奇果名药

春日拳菜共栎莪，夏秋木耳杏孢菌。

尧山，山珍药草形形色色。

或成宴中珍品，或成保健佳品，或成药中极品。

唇齿留香，回味悠长。

仙山撷野蔬，常食保健康。

一、山珍野果 宴中佳品

尧山，森林茂密，雨量充沛，气候温和，腐殖层厚，给中药材、山野果、山野菜等山珍的滋生繁育创造了适宜的环境。所产山珍野果无数，畅销国内外。诸如野生蘑菇、木耳、猴头、鹿茸、板栗、猕猴桃、山樱桃、山核桃等。

尧山山珍，富含蛋白质、微量元素、维生素，营养价值很高，多上宴席，也可制成保健品。在第十二届中国绿色生态农业发展论坛上，鲁山荣获"中国香菇之都""中国果蔬无公害十强县"称号。在2007年第二届中国（长沙）国际食品博览会上，尧山山珍荣获金奖。

❖ 野菜类

山野菜，是大自然赏赐给人类最好的礼物。它汲取大自然之精华，与种植的蔬菜不同，是纯天然、无污染的健康食品。每种山野菜，都有独特的营养价值和药用功效，食用山野菜是人们追求返璞归真、回归健康自然生活理念的体现，已成为当前的一种时尚。尧山山野菜，品类众多，数不胜数。

拳菜 又名蕨菜、拳头菜。生长在阴湿山地阳坡，成群成片分布。株高约 1 米，根状茎横走地下。新发枝芽，羽状叶苞尚未展开，形如半握拳头，故称拳菜，此时采收最佳。采摘后，用开水烫一下，晒干晒透。食用时，温水浸泡。与肉一块炒、炖，去油腻，生滑嫩，提鲜出味，有补脾益气、强健机体的功效。

拳菜是尧山主产的野生山菜，有"山菜之王"的美誉。

山韭菜　生于尧山山涧、荒坡草丛。《滇南本草》："作菜食，能养血健脾，强筋骨，增气力。连根捣汁，治跌打损伤；根同赤石脂捣烂，晒干为末，擦刀斧伤，生肌长肉，神效。"山韭菜含有大量的植物纤维和少量的粗纤维，能加快胃肠蠕动，有效缓解便秘。

每年初春，山韭菜可以吃到农历六月。过了六月初六，山韭菜变老变硬，涩而无味。入了"三伏"，山韭菜长出密密麻麻的韭菜花，趁鲜嫩摘下来，可以烹制各种各样的美味。用山韭菜炒鸡蛋、包饺子、煎菜饼、炒肉、炒土豆片，比家常韭菜香浓味鲜。

在尧山一带，有腌制山韭菜的习俗。山韭菜洗净晾干，切成段。拌入辣椒丝，撒上食盐，拌匀，装在玻璃瓶或罐子里，压实封好，放入冰箱，过几日，打开即可食用。

山荆叶　山荆树的叶芽。春季采摘，焯水晒干，炒肉特别好吃，也可与玉米糁一起熬粥。山荆叶有解表化湿，祛痰平喘等药用价值。

水芹菜　公元前200多年的《吕氏春秋》中，就有"菜之美者云梦之芹"的记载。水芹菜含有丰富的蛋白质、多种维生素和微量元素，具有补血活血、解毒、消肿的功效。凉拌食用最佳。水芹菜放沸水里烫熟，加入食盐、陈醋、酱油，制成凉拌菜，若是拌进果仁、木耳、肚丝，味道更鲜美。也可以和肉丝一起炒食，或掺肉、鸡蛋做饺子馅。

木兰芽　栾树的嫩芽，因栾树又称木栾，所以叫木栾芽。相传当年替父从军的花木兰带兵征战时，被困在山里，草尽粮绝，花木兰万分焦急，在山间走来走去，举目望去，山峦相连，不知何时可以从大山中突围出去。忽然，一棵新叶嫩红的栾树出现在视线里，她上前摘下一片放在嘴里，有股淡淡的苦涩。两天后，她发现自己没有任何不良反应，此叶可食！遂召集将士采摘，先将叶芽煮一下，放入泉水中浸泡去涩，再用盐水拌成凉菜，解救了断粮多日的将士们。为纪念花木兰，人们将栾树叶称为"木兰芽"。

尧山有大片野生的栾树，春来发芽，如团团紫霞。木兰芽不但能食用，还有抑制多种细菌、真菌的功效，口感好，价值高。谷雨前后采摘，焯熟，冷水浸泡三天左右，切碎凉拌、炒肉、做馅、炒米饭，其味鲜美无比。

珍珠花 富含多种脂肪酸、维生素以及人体所需的钾、钙、磷、铁等多种元素，清热解毒，降压降脂，消炎利尿，是山野菜，也是一种常备的药材。

珍珠花含苞未放时，和嫩叶一起采下来，焯一下晒干存放，炖鱼炒肉，有很好的去腥效果。珍珠花是产妇补身的良药，可以调养产后体虚。干珍珠花泡茶，防癌、防中风、补肝益肾，非常适合中老年人饮用。在尧山脚下的四棵树乡和团城乡，珍珠花掺五花肉炒米饭，是让人吃一次就终身难忘的美味。

丑娘叶 山区一种树的叶子。清明时节，是采摘的最佳时期。采下来的叶子用开水焯，放葱、姜、蒜和麻油爆香，来回翻炒，出锅清新可口，回味悠长。最常见的吃法是用丑娘叶下面条或是熬粥，不是一般的好喝。

据传，很久以前，有个长相很丑但心地善良的媳妇，人称丑娘，大灾之年为保全家生存，不辞劳苦挖野菜，累晕在山上。其孝心感动山神，神仙赐给丑娘一把种子，让她种在山上，种子很快长出很多散发着诱人香味的树叶，帮助人们度过了饥荒。人们为了报答丑娘的善举，就把这种树叶命名为丑娘叶。

马齿菜　又叫马齿苋、长寿菜，含有丰富的去甲肾上腺素，能促进胰岛素分泌，调节人体糖代谢、降低血糖浓度，对糖尿病有一定的治疗作用，所以被医生称为餐桌上的"胰岛素"。

马齿菜的吃法很多，焯水凉拌最好吃，做馅饼也可以，还可以炒鸡蛋，摊煎饼，蒸蒸菜，包包子。

小蒜　又名薤白、理蒜，茎叶像葱，根有蒜味道。药用有通阳化气、开胸散结、抑制高脂血、防止动脉硬化等功效。可以做小蒜拌豆腐，也可以熬小蒜白木耳粥。

蒲公英　又名"黄黄苗"，是一味用途很广的清热解毒良药。食用生拌热炒都可以，洗净焯水后，放香油、辣椒、盐、醋等调味品拌匀，一道凉拌蒲公英就可以上桌了。

香椿芽　是香椿树刚发出的嫩芽，名副其实的"十全蔬菜"，含有人体所需的几乎全部营养元素。中医认为，香椿味苦性寒，能清热解毒、抗菌消炎，可缓解久泻久痢、便血等病症，有助于增强机体免疫力，还有润滑肌肤的作用。富含氨基酸和维生素，食之香嫩可口、回味悠长，是春季尧山的特色美味。

◈ 果类

猕猴桃　因果皮覆毛，貌似猕猴而得名。落叶藤木，多生长于尧山山坡林缘、灌丛中，味甘而略酸，果肉鲜艳，生津润燥。富含多种维生素、微量元素、氨基酸、蛋白质、果胶等，可抗氧化，防衰老，延年益寿，被誉为"果中之王"。除鲜食外，也可加工成果酒、汁、片、罐头等。野生果实比人工种植的个头小，却因纯天然被众人喜爱。

松籽　松树果实，藏于松塔中，成熟后自然脱落，有淡淡的松香，是松鼠最喜欢的食物。脂肪含量多达74%，蛋白质含量为14.8%，滋补身体，养颜美容，有降血脂、软化血管、预防心脑血管疾病的功效。

山葡萄　尧山、四棵树等地高山针阔混交林和阔叶林中多生。匍匐或攀缘其他树木生长。9月，果实变紫，有白粉时即可采收。尧山年产山葡萄约50万公斤。野生山葡萄的花青素高于人工种植葡萄数倍，富含蛋白质、钙、磷、钾、铁，是酿制葡萄酒的最佳原料。山葡萄酒为红宝石色，酸甜适口，浓郁醇厚，不仅是美味的饮品，还对贫血和神经衰弱有一定的疗效。

蓝莓　矮脚野生灌木，果实颗粒小，呈蓝色。口感独特，营养丰富，富含维生素E、维生素A、维生素B、蛋白质、花青素以及丰富的钾、铁、锌、钙等矿物质元素，具有防止脑神经老化、保护视力、强心、抗癌、软化血管、增强人机体免疫等功能。蓝莓是联合国粮农组织推荐的五大健康水果之一。

山核桃　落叶乔木，多见于疏林或腐殖质丰富的山谷中。树龄逾百年的山核桃树，仍枝繁叶茂，苍劲挺拔。野生果实皮硬，呈淡灰黄褐色。仁可生食，亦可榨汁、凉拌、素炒或用清水煮吃。山核桃仁富含磷脂，所榨核桃油含不饱和脂肪酸，具补肾助阳、止咳平喘、润肠通便等功效，可预防动脉硬化。

板栗 生在尧山的丘陵缓坡、河滩沟谷，坚果包藏在密生尖刺的总苞内，成熟后总苞裂开，栗果脱落。坚果皮呈紫褐色，栗子仁白色，炒熟后金黄色，食之益气血、健肝脾、养胃补肾。生吃有治疗腰腿酸疼、舒筋活络的功效。生食浓甜，熟食香糯，是鲁山著名特产之一。

柿子 耐旱树种，在贫瘠之地顽强生长，树龄可达数百年。老树树干虬枝盘绕，如同版画，为尧山冬天的奇景。果实圆或扁圆，成熟时浅橘黄或深橘红。种类很多，有牛心柿、盖柿、四瓣面、雁过红、糊联头、线穗等。柿子富含胡萝卜素、无机盐、矿物质和黄酮等，具有清热润肺，健脾养胃等功效。

柿子吃法很多，不仅可鲜食，也可加工成柿饼、柿酱、柿子霜糖、柿子醋、柿子酒、柿子茶等。

尧山海拔高、温差大、水质洁净，所产柿子个大皮薄，味甜肉细，汁多爽口，营养丰富，闻名遐迩。

◈ 菌类

尧山主要有银耳、木耳、猴头、鹿茸、灵芝、茯苓、蘑菇、香菇、草菇、平菇等菌类。

黑木耳 又名木菽、树鸡、云耳，尧山特产，早在明代已被列为贡品。在 2007 年第二届中国（长沙）国际食品博览会上，获得金奖。富含磷、铁、钙、镁、钾、钠、硫等微量元素，营养价值很高。干品泡发、清水漂洗后，荤炒、素炒、烩汤、凉拌均可。

野生黑木耳寄生于枯死的阔叶树干上，以柞栎树所生最佳。

黑木耳色泽黑褐，质地呈胶质状，薄而有弹性，味道鲜美，被现代营养学家盛赞为"素中之荤"。

尧山一带有大面积椴木木耳种植，年产约万吨，供不应求。

蘑菇 古名蕈，俗名栎莪，生长于荒山、林地，以柞栎林腐叶生长的最佳。夏秋雨后，湿热熏蒸，遍生蘑菇。《诗经·周南·葛蕈》载："葛之蕈兮，施于中谷。"晋陆云诗："思乐葛藟，薄采其蕈，疾彼悠远，乃孚惠心。"清《河南通志》："蘑菇产伏牛山一带，有凤尾、白翎等名，皆茅蕈香菌也，象形得名，号称山珍。"食用时，要先用开水焯，再用凉水浸泡，素炒或炒肉均可，味道鲜美，为天然滋补品，具清肠功效。

栗针蘑菇 夏季生于腐质物上，采后晒干保存，可配肉吃，味道鲜美。

草蘑菇 菌盖灰色，半球形、卵圆形或钟形，性喜高温高湿。

栎柞蘑菇 多生长于栎柞坡。分为两种，俗称关爷脸、栎拍子。关爷脸高二三寸，菌盖红色，菌柄白色。采摘去杂，煮熟用清水反复浸泡后炒食，也可晒干备用。栎拍子，个大、土白色，产量较大。

羊肚菌　又名羊素肚、羊肚蘑。分圆锥羊肚菌、黑脉羊肚菌、尖肚羊肚菌、子羊肚菌和粗腿羊肚菌等，味鲜而质脆，但产量低。

香菇　食用真菌，单生、丛生或群生，菌盖直径可达 20 厘米，幼时半球形，后呈扁平，素有山珍之王的名号。素三鲜中，香菇常作为一鲜出现。鲜香菇脱水即成干香菇，便于运输保存。富含蛋白、氨基酸、维生素，能增强机体免疫力、延缓衰老、抗病毒。还有防癌抗癌，降血压、血脂、胆固醇等功效。古籍中有载，香菇"益气补饥，益胃助食"。

鲁山县有大规模袋料香菇和椴木香菇种植，被誉为"中国香菇之都"。

猴头菌　食用菌，形似猴头，俗称猴头菇或猴菇，是我国宴席上的山珍名品，与熊掌、海参、燕窝并列为"四大名菜"，鲁山水席必用。

猴头菌多生于尧山栎、胡桃等阔叶树的立木和腐木上。性平，味甘，滋补，利五脏，助消化，可抗癌、治疗神经衰弱。李时珍《本草纲目》有对猴头菌药用价值的记载，元朝《饮膳正要》亦有记。

鹿茸菌　又名鹿角菜，以其色黄、形似鹿角而得名，是伏牛山地区的名优特产。新鲜时呈橄榄黄色，干品为褐色，雌雄同体，生于尧山枯枝落叶处。蛋白质含量高，糖分少，质地细腻，味道鲜美，清香可口。能为鸡鸭肉提鲜，做汤或烹、炒、焖、烧、炖，色香味俱全，是山野菜中的佳品。尧山年产约 1000 公斤。

二、杏林仙草 橘井灵药

尧山风景名胜区内，生长有 500 多种中药材，是名副其实的天然药用植物资源库。

尧山东南百里处，有山曰商余山，自唐初至清末，绵延千年，一直是全国中草药集散地，有"药不经商余不灵"之称。唐代文学家、军事家元结之父元延祖"以鲁县商余多灵药，遂家焉"。商余灵药为鲁山古八景之一。诗曰："灵药丛丛绕屋舒，筐莒采来香气喷。自是地灵生物盛，清风万古播芳誉。""物产由来著土宜，灵苗产处香盈掬。松茎丝苓殊蜀芍，济世扶身药本良。"

全国重点普查的 467 种中药材中，尧山就有威灵仙、土茯苓、远志、射干、茜草、萱草根、白及、何首乌、枸杞子、石韦、石南藤、益母草、白头翁、薤白、天麻、银杏、辛夷、杜仲、山药、首乌、丹参、石斛、全虫、葛根、黄精、绵枣、石豆、五味子、金钗石斛、过桥草、山萸肉、冬凌草、山楂等 242 种。

辛夷 早春，乍暖还寒时开花，又名望春花。花苞形似毛笔头，又称木笔花、木毛花。为尧山最佳观赏花卉之一，色泽鲜艳，花蕾紧凑，鳞毛整齐，芳香馥郁。花开时，满树花朵随风翕动，瓣瓣欲飞，观赏性极强，是城市里非常受欢迎的绿植。辛夷树的花蕾，为名贵中药材，辛凉而微苦，挥发油含量 5%。对鼻炎、感冒、头痛等病疗效显著。花蕾还是名贵香料，辛夷油可熏茶、制作化妆品。

辛夷树为鲁山县树。主要分布于尧山区域多个乡镇，成片林木约百万株，年产干花蕾百吨，产量居全国首位，主要销往全国各地及日本、东南亚地区。

团城乡花园沟村，有一棵树龄300年以上的辛夷树，被誉为"辛夷王"，年产辛夷花蕾200公斤。

葛根 藤本植物葛的根部，习称野葛。最长可达10米。秋冬采挖，鲜切成厚片或小块，炮制后入药。全株被黄褐色粗毛，块根肥厚。花期4～8月，果期8～10月。生长在山坡草丛或路旁较阴湿的地方。性甘、辛，凉，常用于表证发热，项背强痛，热病口渴，阴虚消渴，脾虚泄泻等。可改善脑部血液循环，对因高血压引起的头痛、眩晕、耳鸣及腰酸腿痛等有较好功效。尧山一带最新开发有瓶装葛根茶，是采用高新技术提取的饮料。

黄精 为黄精属植物，根茎横走，圆柱状，结节膨大，叶轮生，无柄。药用具有补脾、润肺、生津的作用。

山药 缠绕草质藤本植物，块茎长圆柱形，垂直生长。花期6~9月，果期7~11月。

尧山山药块茎肥大，形状奇特，有掌形、扇状、八字形，甚至还有长方形。新块茎上还会长出很多不定根。长60厘米至90厘米，最长的2米。直径3~10厘米，单株块基，重者可达5公斤。野生山药益气养阴、固精止带，对脾、肺、肾有大补益。

绵枣 俗称地枣、黏枣。百合科，多年生草本植物，尧山大部分山坡均有生长。叶狭线形，地下有球形鳞茎，即绵枣。每年3~5月采挖。洗净装入缸内，加水和少量黄精，先大火，后文火，连续焖熬三天三夜至汤浓，色液酱红黏稠，果实光亮圆润。久储不坏，入口爽滑，甘甜流溢，食之通体舒泰，有滋补养生之效。

全虫　俗称蝎子，贵重药材。含蝎毒、卵磷脂、牛磺酸、胆甾醇等成分，可治惊风、抽搐、头痛、风湿等症。《本草纲目》有载，可清热解毒、舒筋活血。

尧山山蝎，体小透明，多藏身于山岭土石缝中。八足，加上钳形夹一对，共十足，称"全虫""全蝎"，为最优品种。背上有沟者最佳，是尧山特有山珍，亦是高档美味佳肴。今有人工养殖，是馈赠亲友的滋补佳品。

杜仲　落叶乔木。树皮、树叶折断后，有橡胶状白丝相连，故又称棉木皮、玉丝皮。树皮为珍贵滋补药材。一般 15 年可剥皮，时间以春夏之交为宜。味甘，性温，有补益肝肾、强筋壮骨、调理冲任、固经安胎的功效。《神农本草经》《名医别录》《药性赋》皆有载。

尧山杜仲，生长于海拔 300～500 米的低山、谷地或浅坡疏林里，树冠浓密，寿命长，材质优。

银杏　银杏是中生代孑遗树种，被誉为活化石。常与柳杉、槭树、蓝果树等针、阔叶树种混生。为珍贵用材树种，结构细，质轻软，富弹性，易加工，有光泽，不易开裂，可供建筑、家具、装饰、雕刻用。

银杏树春夏季叶色嫩绿，秋季叶子变成金黄色，像无数面小扇子，形态秀美，可作行道树。种子即白果，含白果酸、白果醇、白果酚，可食用也可药用。叶子可药用，可制杀虫剂，亦可作肥料。

尧山多银杏树，有银杏系列产品，尤以银杏茶、银杏胶囊、银杏枕最为驰名。银杏叶提取制成的银杏茶、银杏胶囊，为国际公认的防治心脑血管疾病的佳品。

金钗石斛 形如金钗，故名。多年生草本植物，位列中华九大仙草之首，尧山三宝之一。全株有明显结节和纵槽纹，经久不干，得水即复活，又称千年竹。为名贵中药材，性微寒，味甘淡，可养阴生津，主治热病伤津、阴虚内热、品干烦渴等症，泡茶饮用尤佳。

金钗生于悬崖峭壁阴坡和近水处，量极少，有俗语"得虫草易，寻金钗难"。

石豆 尧山三宝之一。亦称金枣、石米、岩豆等。石豆兰的全草。夏秋采收。叶片短狭，中间有纹，根部有果，连缀如珠似豆。泡茶饮用，时日再久，亦鲜嫩如初。可祛风除湿，消肿止痛，凉血活血。主治高热惊风，风湿痹痛，四肢麻木，关节肿痛，痛肿，咽痛，跌打损伤。

过桥草　尧山三宝之一。顶部叶子犹如桥梁，故名。俗称还阳草、马蹬草。生长在石岩上，群生，找到一株，即找到一丛。根茎较短，着地生根。可活血化瘀、止血解毒，滋阴润肺。亦为泡茶之良品。

灵芝　一般生长在深山阳坡栎树及阔叶树的腐朽部位，为寄生子实体。菌盖呈半圆或肾形，由黄变红褐色，有光泽。采收后晒干药用。

尧山常见赤芝和紫芝。

《神农本草经》载："赤芝，味苦平，主治胸中结，益心气，补中，增智慧，不忘。久食轻身不老，延年神仙。"可作滋补强壮剂。有镇静止咳、平喘强心、解毒保肝等作用。

五味子　木兰科植物五味的干燥成熟果实，因酸甜苦辣咸五味俱全而得名。喜微酸性腐殖土，多生在尧山海拔千米左右的沟谷、溪旁、山坡，或缠绕在杂木林、灌木丛中。叶尖圆似杏叶，3～4月开黄白花，类莲花状。7月浆果成熟，丛生茎端，红紫色，豌豆大。果实成熟时采摘，晒干或蒸后晒干。《新修本草》载："皮肉甘酸，核中辛苦，都有咸味。"果实富含苹果酸、柠檬酸、酒石酸、抗坏血酸等。可作收敛剂，止遗精，镇咳喘，防失眠健忘。煎汤外敷于患处，有止血止痛、活血通经的作用，也可以除烦止渴、温补肾阴，对于跌打损伤、风湿骨痛等疾病有明显的疗效。

山萸肉　又名山茱萸、枣皮，茱萸科落叶乔木，多见于风景名胜区内的山坡、灌丛、沟谷沿岸。树高3～4米，树皮灰棕色。伞形黄花开在小枝顶端，披针形舌状花瓣，灿然反卷；核果长椭圆形，状若枸杞子，富含皂苷、鞣质、苹果酸、酒石酸、维生素，可补肝肾，涩精气，固虚脱。

丹参　又名血参、赤参。多年生草本，株高30～80厘米。根细长，圆柱形，外皮朱红色。茎四棱形，上部分枝。叶对生，单数羽状复叶。花期5～10月，果期6～11月。味甘微苦，性微温，有活血化瘀、调经止痛作用。对心脑血管病有明显疗效。散生于尧山景区的浅山草岭、多土的沟谷中，村头田边也常见。紫色花朵像精致的小靴子，非常美丽。

冬凌草 又名冰凌草、雪花草。味苦，性甘，可用于治疗食管病、咽喉病。茎直立，高约半米，基部近圆柱形，上部分枝，四棱形。聚伞花序，萼钟形。花冠淡蓝或淡紫色，果三棱倒卵状，坚实。全草入药。

山楂 蔷薇科山楂属，果味酸甜，抗衰老作用位居群果之首。是一味常用的中药，亦可制作食品。《本草纲目》："凡脾弱食物不克化，胸腹酸刺胀闷者，于每食后嚼二三枚，绝佳。但不可多用，恐反克伐也。"

三、尧山特产 饮誉华夏

山漆 又称国漆、大漆、土漆。尧山著名特产，有"涂料之王"的美誉，广泛应用于国防、化工、石油、造船、电力等工业。尧山年产山漆约3000公斤，畅销国内外。

山漆以中刀质量最佳，红明无渣，干得快。俗语："好漆似黄油，如镜见人头，挑起扯金丝，丝断打金钩。"古代的上等家具，多用山漆漆成，光泽好，黏性强，坚固耐用，百年不腐。

檞叶 檞树的叶子，叶片宽大，如掌如碗，厚实柔韧可包装食品蒸煮，味道鲜美，且不易变质。鲁山县西部山区特别是尧山景区，檞树资源丰富，建有檞叶厂，经筛选、消毒、真空处理后，出口日本、韩国等国家，曾获省土产进出口奖，央视多次专题报道。

桐油 油桐树子油。成分主要为脂肪酸、甘油三酯。干燥快，比重轻，光泽好，附着力强。耐热，耐酸，耐碱，防水，防腐，不导电，用途广泛。曾与丝、茶并列为三大传统出口商品。

花岗岩、大理石板材　天然资源，品种多样，有墨黑、芝麻黑、芝麻灰、芙蓉红、枫叶红、蛇皮绿、碧绿玉、鹅黄玉、五色玉、繁星、木纹等板材，远销国内外。

鲁山绸　柞蚕丝纺织而成。入选河南省首批"中原贡品"保护名录。

鲁山绸系手工绸，经选丝、络丝、整经、打纬、织绸等多道工序。手感爽滑，柔而有骨。染色后，鲜艳柔和，光彩夺目，具有拉力强、伸度大、耐高温、抗酸碱、绝缘、吸湿等特点。

蚕丝绵　蚕茧经碱水煮、拉丝、漂洗，制成丝绵片，再加工成被套、袄套等。白色或土黄色，质地轻软柔韧，保暖耐用，可与鸭绒媲美。鲁山销售蚕丝被和丝织品的多达数万人，足迹遍及全国。

蜂蜜　尧山植被丰厚，蜜源植物种类繁多，很多农户放养蜜蜂。所产蜂蜜，晶莹剔透，色味俱佳。不仅能强身健体，还对多种疾病有预防和辅助治疗功效。

手工大槽油　因油制成后从木槽流出，俗称大槽油。从炒籽、石碾碾末、馏锅蒸末、包饼、装垛，到抡锤加楔压榨，皆手工。传统制作，自然醇香，口感好，耐贮藏。

土鸡、土鸡蛋　尧山农家多散养土鸡。鸡群奔走山野，生长周期长，觅食草虫，肉质细嫩，骨细味香。土鸡蛋，蛋黄金黄，可炒山韭菜，鲜香味美。

杂粮　尧山景区林密草丰，无污染，空气清新，水质纯净，所产谷物、豆类等小杂粮，天然绿色，是食疗养生佳品。

黄豆酱　酿制历史悠久，传为墨子发明。精选优质黄豆，水泡，煮熟，晾干，拌面粉摊匀，在30℃左右温度下发酵。晾晒后加盐清水烧沸，放凉再加发酵粉，拌匀，切入辣椒，封装，晒成红色，即可食用。可作佐料，放入各类菜肴，口感绝佳。

玫瑰红茶　赵村镇国贝石村有玫瑰谷。那一片山地土色发红，富含磷，适宜玫瑰生长。有两位村民外出创业成功，返乡投资种植玫瑰，把 2000 多亩贫瘠山地变成了玫瑰花海。手工制作的玫瑰红茶，位列河南十大红茶中的"四大名旦"之首。

第二节　工艺极品　五彩纷呈

尧山之美，美在天然。

尧山之奇，奇在工艺。

食足求雅器，盛世话收藏。

古时富贵才赏玩，于今渐入寻常家。

一、鲁山花瓷　灵气绽放

鲁山花瓷，作为"钧之源，汝之母，瓷之祖"而璀璨于悠远的历史长河，段店古瓷窑遗址，面积30多万平方米，文化层最厚处6米，列入国家文物保护名录。

鲁山花瓷，曾伴杨贵妃翩翩舞动霓裳羽衣曲。唐玄宗与宰相宋璟讨论羯鼓时说："不是青州石末，即是鲁山花瓷。"而今断代600年后又重新现世，惊艳了陶瓷界的诸多大师。

鲁山花瓷，黑底蓝斑，乳白花釉，任意点抹，纵情泼洒。虽非刻意，亦无规律，却超然洒脱，自由活泼，古意盎然。

　　入窑一色，出窑万彩，同一器型，绝无雷同。可谓"黑釉蓝白一火成，神瓷开颜花千形。可参造化天地妙，无为有来太极生"。

　　中国历史博物馆、河南省博物院均收藏有鲁山花瓷器皿，北京故宫博物院收藏有一件长圆筒形黑釉蓝斑鲁山花瓷腰鼓，系稀世国宝，为唐明皇御用乐器。

　　今鲁山花瓷作为十佳中原贡品，是国家级非物质文化遗产。

鲁山花瓷产品丰富，所产茶具、餐具、酒具、文房用具，新奇典雅，古朴华美，千姿百态，深受国内外消费者和收藏家青睐，亦为游客喜购之纪念品。

二、石骨奇韵　天机内蕴

奇石，通称观赏石、玩石。奇石之美，源于亿万年天地造化。或巨大如山，耸天立地，或小巧玲珑，玩于股掌。

这些石头，历经日蚀雨剥，火融冰淬，水涤沙磨，多姿多彩。造物主无意而为，却美工成天。

鲁山，七山一水二分田。山由石叠垒，石乃山骨骼。

尧山奇石储量惊人，赏石资源丰富，种类繁多。石种约30类，品相数百。

宝石级的有：尧山肉石、红牡丹石、青花石、鲁山绿玉、砚石、黄蜡石、硅质燧石岩、各类画面石、文字石、纹理石、石胆石、黑珍珠石、藻类化石等。

观赏石中，犹以尧山肉石、红牡丹石为上品。

尧山奇石质性稳定，硬度高，耐酸性强。可谓有骨有韵，有色有魂；又变又恒，又古又新；外成天格，内蕴天机。经深加工制成摆件、吊牌、手镯、戒指、饰品，作为旅游纪念品，深受众多游客喜爱。

黄蜡石　也称肉石。硅质岩石，由玉髓和石英组成，主产四棵树一带。质坚形奇，边角平滑，色彩鲜艳，具有"湿、润、密、透、亮、凝、腻"等特点。色泽稳定，硬度7度左右。有明黄、蜡黄、棕黄、嫩黄等色。其中类于五花肉、东坡肉、竹叶松针状的更是难得。

尧山肉石的最大魅力在于魔幻之皮。最常见的皮类百余种，分为白糯、龙鳞纹、平纹、布纹、红烧肉、烤焦、烧烂、水煮纹、荔枝、苦瓜、珍珠、沙琪玛、蛋糕、草花纹、鱼籽纹、沙纹、沙漠纹等。特别是那些精品肉石，皮质细腻，天然毛孔清晰可见。从色泽上看，又可分为红——深红、焦红、浅红；黄——深黄、焦黄、草黄；白——嫩白、水白等。

从着色状态看，又可分为：生肉类，肉皮白色，边缘清晰，光泽鲜亮，鬃眼明显。肥肉贴皮生长，厚度不等，油脂色白晶亮，纹理清晰，瘦肉部位色泽鲜艳，红白相间，惟妙惟肖。

熟肉类，象形度高，色泽诱人，令人垂涎欲滴。水煮肉皮色稍深，红烧肉皮色泛红，油炸肉皮面凸起，形态各异，妙趣横生。

腊肉类，纹理清晰，表面光滑，玉色晶莹。

还有牛肉、鸡肉类，纤维较粗，薄膜包裹，纹理如生。

从生成形状看，又可分为肘子类、五花肉类、猪后腿类、方形条肉类等。

尧山肉石，乃石质艺术珍品。鲁山县有50余家中国肉石收藏馆。随着河南省地方标准《鲁山肉形石命名分类与鉴评》的发布，鲁山肉形石引起了国际收藏界高度关注。

日月石　也称太阳石、月亮石、日月星辰石。因其如太阳、如月、如星，故名。出产于沙河河谷，是石中瑰宝。岩质有火成岩、沉积岩、变质岩，以石英岩和沙粒岩为主，硬度一般在5度左右。

日月石属砾石家族，大部来自山体，岩石被暴雨冲入河床，撞击破碎后，经河流天长日久的冲刷磨砺，光滑细腻，色调丰富。石上有图案，艳者似日，淡者如月。图纹富于变化，对比强烈。色彩有红、橘黄、白、黑等，形状有圆、半圆、月牙形等。太阳石有的光焰四射，有的日晕环罩，还有的显现明显的日核。或淡黄套淡红，或圆周镶墨边，恰如日食月食及环食。有的圆纹周围点缀着斑点，恰似群星灿烂。有的在日月周围形成云纹、山川、河流、地平线、海岸线等，如东海朝晖、长河落日、日升中天、海上明月、彩云追月、水中映月、月上西山等；还有一块石上出现多个同类圆，如同九大行星。

牡丹石 石头表面错落分布着酷似牡丹花图案。花瓣宽厚，花姿百态，妙趣天成，人称牡丹芳魂。可制印章，取其花开富贵、雍容华丽之意，颇受藏家喜爱。据专家考证，牡丹石的形成是在15亿年前的地壳运动中，由晶体状的中基性火山熔石随其他岩浆流动混合而成。在自然时光的打磨下，牡丹石集山川之灵秀，汇诗情画意之美韵，成为美石中的奇葩。

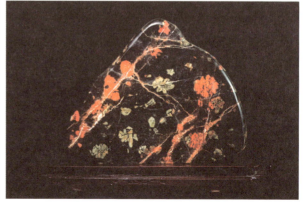

梅花石　分布于尧山大小河流，硬度6~8度。颜色分深棕、褐红、墨绿、深灰，底色呈玛瑙红、水晶白、竹叶青、粉绿等，图案有雪花、梅花、菊花、竹叶等。梅花类就有红梅、绿梅、白梅、灰梅等多种品相，其神韵与写意国画有异曲同工之妙。或疏影横斜，或挺拔劲秀，天工造物，妙不可言。

类太湖石　产于尧山山区，质形色调与太湖石相似，人称类太湖石。这是一种溶蚀后的石灰岩，硬度4~5度。有白灰青黄褐等色。形如奇峰凌云，重峦叠嶂，也有飞禽走兽，或立或伏，或静或动。石体多孔多姿，皱、露、透、瘦，天然浑朴，击之有声，清脆悦耳。

类太湖石大多体形高大，也有小巧玲珑、剔透多洞的。体大者，可点缀园林亭榭，体小者，可置于厅堂，摆设几案。

模树石　又称树枝石、假化石，分布于尧山山区。古人称之松石、松屏石、婆娑石。它们虽非植物化石，但其形状，更像真的植物。"叶脉"平和，千变万化，在尧山奇石中独树一帜。

模树石距今已有亿年以上，石上纹路和画面，为氧化铁、氧化锰溶液在一定的温度和压力下，沿着岩石的节理、裂隙渗透、扩散，经长期沉淀固结后形成。多为松形、柏棱形或密集的树与草，观赏性极高。

花玉石　属浅层露天矿脉，石包玉和沙包玉类。色彩多变，图案奇异，玉质细腻油润。外表呈蜡、玻璃状光泽，可雕性和抛旋光性能好。观赏石界"以红黄为贵，以蓝绿为奇，以五彩为最佳"。

尧山花玉石集红、黄、蓝、绿、青、白、黑于一体，堪称玉界一绝，是理想的玉雕原料，适用于雕制大型器物。

叠层石 由钙、镁质碳酸岩及变质岩相叠而成，层纹清晰而密集，故名。纹层相叠，凹凸包卷。形态多变，有的如云朵浪花，有的像山川花草；有的孔洞相连，有的窦穴参差。纹饰有波纹、同心纹、聚环纹、穹窿纹等。

花若解语还多事，石不能言最可人。尧山石韵，难以尽述。

三、刻雕剪琢 雅饰巧缀

尧山乃奇山。山上无论何物，刻雕剪琢，雅饰巧缀，置于居室，悬于厅堂，即成艺术佳品。

璞砚 尧山璞砚为太古时期浅海沉积泥岩，石材质细紧密，温润保湿，实用性强，是收藏、馈赠之佳品。诗曰：石质良材琢璞砚，疑为神女忘着丹。今朝石破惊天下，红点朱描颂尧山。

以赵村镇佛泉坑水津籽料为代表，有黑、紫、绿、红、白、石眼、眉纹、鱼籽、金晕等多个门类，细腻温润，金声玉振。研古梅园大风墨试砚，百圈后墨色发亮，滑若丝绢；停墨数分钟，墨面即泛油光。

已在国家商标局注册"尧山璞砚"商标，《中华砚石谱》收录有"鲁山砚"，且编入《中华砚文化汇典》砚种卷。由砚刻家傅增志月余精雕细琢的"鱼龙砚"，受到了国家制砚专家盛赞。

尧山璞砚石材，鲁山全县 11 个乡镇都有蕴藏，有 30 多处坑口，50 余个品种。

根雕　传统造型艺术品。以树身、树根的自生形态或畸变形态为作品素材，通过构思立意，注入灵性，创作成不同种类的作品。三分人工，七分天成。

尧山区域多林木。乔木有柏、枣、杏、榆、梨、槐、核桃、黄栌等，灌木有酸枣、紫荆、杜鹃等，其中不乏枝妙根奇、千年不腐的朽木，皆为根艺首选素材。经过去皮、修整、打磨、上蜡、抛光，似人，似器，似物，取形赋神，活灵活现，皆成收藏佳品。大者立于园，中者置于堂，小者供于案，被知者视若珍宝。

有虬枝曲根，略加修润组合，成为象形文字，天趣充溢，是谓根书。

无论根艺根书，均在河南独树一帜。

盆景　以植物、山石等为素材，经园艺师细心栽培，赋意造形，成为观感极佳的艺术品。

尧山盆景制作，素材多用杜鹃、荆条、侧柏、山榆木、古松、三角枫、黄杨等，古拙苍劲，飘逸清新。山石盆景，尧山吸水石是取之不尽的资源，配以植物和微型雕塑，浓缩尧山山水之秀，灵活多变，具有很高的审美价值。

剪纸　这项民间工艺历史悠久，与节日风俗密切相关。逢年过节，山间农家常贴窗花剪纸，有喜有福有寿，有鸟有兽有图，鲜艳美丽，喜庆吉祥。

尧山剪纸，质朴灵动，透空飘逸，山野气息浓厚。曾有剪纸奇人李福才，独目、语迟、腿跛、不曾婚娶。他剪纸，似有神助，剪飞纸翻，随心所欲，技法娴熟，虚中有实，被称为"神剪"，《人民日报》、中央电视台等国家级媒体曾多次报道。

第五章

养生宜居 怡情尧山

岚彩氤氲映碧霞，读雨听风享潇洒。
品味美食，游乐畅玩，休闲度假。
寻幽探胜问自然，养气怡情好舒安。
尧山，诗意居所，心灵归处。

第一节　吃喝游乐　完美旅程

驰道若虹，美食无数，乐游无穷。

引得四海饕餮客，食毕犹觉天上仙。

感受山水野趣，且自身心忘忧。

莫笑农家山深，归去难以忘怀。

温而不热，爽而不燥，避暑胜地，长寿之乡。

灵液圣泉养身，山野美食暖心。

人间哪得此仙境？几步相逢耄耋翁。

一、山野珍馔　唇齿生香

一道美食，源于一份好的食材。

尧山，好山好水好食材，堪称美食天堂。

尧山，根系八百里伏牛山，襟领田园如画的黄淮平原。四季分明，气候暖湿，光照充足，雨量丰沛，是众多野生动植物的乐园，更适宜散养家禽家畜。

猴头、鹿茸、山木耳、蘑菇等琳琅满目，山韭、水芹、丑娘叶、青条菜等种类齐全，天麻、辛夷、杜仲、山茱萸等数不胜数，猕猴桃、板栗、核桃、柿子等挂满枝头。

好山好水养好谷，玉米、大豆、小麦、大米、花生、芝麻、红薯等农作物，质优味厚，纯天然，无污染。

尧山美食，取天然食材，吸纳宫廷菜、官府菜、民间厨艺精华，炸、烩、卤、炖、爆、煎、炒、蒸、煮、煲、焖、腌，品相类集萃南北，色香味力调众口，且有独家食疗珍品、养生佳酿，让食客味蕾绽放，唇齿留香。

尧山景区美食繁多，首推面食。尧山面食文化历史悠久，源远流长，有馒头、花卷、包子、火烧、油条、面条、烩面等。一碗面，一个馍，一种味道，一次享受，一份情怀。

◇ 五谷杂粮

玉米糁粥　熬锅煮烂粒粒黄，一碗斋糜缕缕香。玉米糁粥，尧山最常见的农家饭。尧山海拔高，气温低，光照久，玉米生长周期长，较之平原玉米更富营养。玉米糁，用当地石磨磨出来，铁锅文火慢熬，原粮的气息，缓缓释放香与甜。还可放红薯、山药、山荆芽、丑娘叶同煮，软糯香甜，回味久长。

玉米糁粥是乡亲们的早餐，也是观光客赞不绝口的美食。玉米糁粥之外，早餐还有面疙瘩、八宝粥、小米粥、油茶、豆沫、豆腐脑等。

浆面条　地方小吃，味道鲜美。清水浸泡绿豆，磨成粗浆，过滤除渣后，静置陶罐中发酵成浆。取酸浆汁加水煮绿豆面条，放入干菜，拌入面糊，食用时，配以芝麻酱、黄豆、芹菜、韭菜、辣椒等，味道酸爽，咸香开胃。

山野菜杂面条　用高粱面、荞麦面、玉米面、黄豆面等多种面粉混在一起揉成面团，慢擀细切，煮时放入适量山野菜如珍珠花、丑娘叶、水芹菜、棠梨花、洋槐花、山荆芽、香椿芽、山韭菜、山小蒜、木兰芽、拳菜以及山珍等。爽口柔韧，唇齿留香。喝一碗杂面条，就品尝到了山野五谷杂树生香的味道。

菜干饭　乡间的家常便饭。尧山稻米光照久，生长期长，粒饱味厚。菜干饭工序有三道：焯米、炒菜和焖炒。五花肉或腊肉切成丁，与山野菜一起炒，米放入沸水中焯至半熟，捞出与炒好的菜混拌，然后放到平底锅中焖炒，待菜中汤水完全被大米吸干，刚好十成熟，米香混杂着肉香菜味，入口醇鲜，清新别致。配菜上，除肉外，也常用酸菜（泡萝卜叶）、羊角叶、棠梨花、丑娘叶、珍珠花等。

葱油饼　农家传统美食。将和好的面团擀成厚度约 5 毫米的大圆面片，均匀撒盐、抹油、放葱花，揉出层次，放进热锅烙熟。油要适量，起层即可，入口香酥脆软。

发面厚馍 面粉加发酵粉，和成较软的面团，发酵后擀成饼，大小随意。平锅烧热，不放油，大火烙熟，调微火炕到鼓泡。饼厚盈掌，松软可口，散发着麦香和酵香。

槲坠 极具地域特色的美食，也是当地端午节家家必备的食品。两张槲叶内裹糯米、枣、花生米、莲子等包裹成圆柱形，用灯芯草缠绕，入锅煮熟。槲叶就是尧山一带的新鲜槲栎叶，肥厚鲜嫩者为佳。槲坠叶香米香，各种配料相得益彰，软甜清美，口感极佳。煮熟的槲坠浸没在原液中，可保存半月之久不会变质。

橡子凉粉 橡子仁打成淀粉做成的凉粉，调以蒜汁、辣椒油、芝麻酱，清香扑鼻，绵软顺滑，香辣爽口。橡子凉粉富含蛋白质、脂肪、单宁及微量元素，对糖尿病、高血脂、心血管疾病有一定疗效，还是一种特效减肥食品。橡子凉粉是夏季消暑开胃食品，拌凉粉滑溜溜，凉丝丝，吃一碗神清气爽，暑气顿消，并且有润肠通便、美容养颜之功效；橡子凉粉也是冬季的祛寒除湿食品，煎凉粉颤巍巍，软塌塌，吃一碗鲜香爽滑，余味无穷，还有平喘止咳、排毒养颜的作用。

臊子面　手工擀的面条，细长均匀。肉切成小粒，放酱油翻炒熟。萝卜或豆角等切成细细的小丁，放油爆炒，然后续水焖炒，最后勾入粉芡成糊状。或者用番茄、鸡蛋、蒜薹也可。烧开水，下面条，等到面条煮熟的时候捞出锅，浇上臊子拌均匀，就是热腾腾的臊子面了。

蒜面条　面条煮熟捞出，浇上蒜汁、十香、香椿汁儿，配以芝麻盐等调料凉拌，清香爽口。

除此之外，蒸南瓜、蒸红薯、煮玉米、煮带壳鲜花生、煮毛豆，也都是尧山餐桌上的美食。

▷ 羊肉

麻辣羊蹄　肉质细嫩，油润鲜香，麻辣可口。羊蹄肉质紧致，肥而不腻，入口即化，老少皆宜。羊蹄中含有丰富的胶原蛋白，能提高肌肤细胞的活性，增强皮肤弹性，有抗氧化、防衰老的功效。

羊肉汤　选本地山羊肉，入汤锅炖煮，熟后沥干，切成薄片，滚水余一下，放进汤碗，冲羊汤，撒葱花、香菜、辣椒等。色白似奶汁儿，质地纯正，味道香浓。羊肉汤重在羊汤，羊骨头加秘制调料精心熬制，汤浓白，肉软香，是汤品中的一绝。

羊杂可　取新鲜羊杂，煮熟切碎，放在羊骨熬制的浓汤中，加调料、上等辣椒油熬煮而成，入口味厚，有嚼头儿，有捞头儿。羊杂可作为一种平民美食，代代相因，流传多年，经无数民间厨艺高手不断完善，已经成为极具地方特色的佳肴。

黄焖羊肉　源于光绪初年，是最受欢迎的特色小吃之一。取肥瘦适中的优质羊脊肉、后腿肉，煮熟，切块。入锅时，放三层，上层酥肉、中层块肉、下层肉丁，配以秘制汤料，小火煨炖，汤变得浓稠时出锅，羊肉色鲜、肉烂、味美，还有益气补虚，温中暖下，生肌健力的作用。

炖羊肉　萝卜切块，姜拍碎，葱切丝。羊肉剁块，开水汆一下，加入姜、葱、萝卜，用高汤和秘制调料炖至肉烂。根据个人口味，加香菜、醋、胡椒粉、香油、味精、辣椒等，鲜香可口，食之难忘。

羊肉炝锅面　羊肉切片，佐料备齐。热锅油爆姜蒜后，倒入羊肉片翻炒，向炝锅中加入开水，下入面条。面条煮熟，放入青菜，最后香葱、香菜、小磨香油佐之。

羊肉烩面　与羊肉炝锅面不同处在于面宽，面筋油浸，光滑适口。

炖三宝　精选本地牛羊鸡内腰、外腰、鞭花，与配有党参、川芎、枸杞子等中药材的骨汤一起慢火煨炖。炖到肉细筋烂，有滋肾壮阳，祛寒提神，润肤美容等功效。

🔷 鱼虾类

干炸小鱼　将河鱼去鳃肚，洗净沥水；拌面粉、仇料，铁锅烹油，干炸至黄色，焦香可口。

干炸河虾　虾加少许姜丝，放料酒、盐腌渍后，再拌面粉、鸡蛋。油锅烧至六成热，放虾。炸到六成熟捞出，油温升到八成时再炸，色艳味美。河虾性温味甘，入肝肾经，有通乳化瘀，养血固精，益气滋阳，开胃化痰等功效。

红烧鲤鱼　淡水鲤鱼清洗干净，两面划几刀，加料酒、花椒粉等抹匀腌制后拌面少许。锅油烧热放鱼，炸至两面金黄，再用白糖拌西红柿汁儿淋匀，撒上葱花即可。

清蒸鲟鱼 人工养殖的鲟鱼宰杀洗净，放入葱、姜、料酒及食盐腌制20分钟，上笼蒸15~20分钟，出笼后放花椒、葱丝等佐料，淋点儿热油即可食用。鲟鱼含有大量的氨基酸，长期食用，可以增强机体免疫力，治疗腰痛，对脱发具有一定的预防作用。

鱼头汤 花鲢鱼头，适量鱼骨。鱼头剁成似断又连的两半，洗净控水。放热油锅里煎熟，和煎好的鱼骨放在一起，料酒去腥。倒入开水大火熬煮，撇净浮沫，放适量砂糖提鲜。小火炖10分钟，汤水浓白，放盐即可出锅。加少许胡椒粉和麻油，不腥不腻，是汤中上品。

炖鱼 把草鱼处理干净切段，加五香佐料，腌10分钟。待油八成热时，鱼块炝锅，再加入秘制高汤，大火烧开，转小火慢炖。出锅前加盐、香菜等，鲜香爽滑。

▷ 猪肉

卤猪头肉 选优质土猪肉、猪杂碎等，佐以20余种调料，用铁锅经旺火、文火煨煮到皮润肉酥，入口肥而不腻。

回锅肉 尧山土猪，生长期在一年以上，膘肥肉厚，肉质密实。熟肉存储油罐，隔绝空气，随吃随取随炒。虽无鲜肉之韧性，却入口即化，香溢唇腮。

农家小炒肉 主料取优质五花肉，切片，配以青椒、红椒。肉片煸炒出油，微微泛黄时放姜、蒜继续煸炒，最后放青椒或其他新鲜山珍，加少许白糖、生抽提鲜。因为食材皆土生土长，带有山里食物特有的芳香，这道菜外来客食之难忘，回头必点。

炖锅肉　锅是农村炭火锅改进的，分大、中、小，酒精炉加热。主料以瘦肉为主，辅以萝卜、豆腐、豆角、拳菜、菌类、粉条、青菜等，小火慢炖，

配以大米、蒸馍等主食。特别是天寒地冻之日，三五亲朋，围锅而坐，吃肉喝汤，热气腾腾，畅快淋漓。

揽锅菜　鲁山地道的美食，也是河南省的传统名吃之一。以当地熬菜为基础，经过精心改进而成，"鲜香软嫩，咸辣适口，色形兼备"，深受人们喜爱。

"揽"，意思是把所有食材聚拢到一起熬，这个熬是炖的意思。鲁山农村的熬菜源远流长，以前每到年节，家

家户户都要将肉和菜放在一起炖，这就是熬菜。到了明朝万历年间，红薯引进鲁山，粉条大量生产。粉条口感爽滑，极富弹性，能吸收各种鲜美汤料的味道，熬菜加入了粉条，这个菜式就固定下来了。

正宗的尧山揽锅菜主料是大肉、丸子、豆腐干、粉条、拳菜及时令蔬菜。大肉选民间散养土猪的上胛肋，一头猪只取5

公斤左右，香嫩柔细，筋道可口。肉煮后红烧，切成片儿，浸在油汁儿里，敷上香料焖炒出来，色泽美观，香而不腻。

豆腐干是油焖过的，既不同于油炸干豆腐，又不同于寻常白豆腐，黄里透白，软硬适度。粉条选的是本地上乘好粉，软软绵绵，内筋外熟。丸子是剔骨猪肉拌红薯淀粉，油炸出来，黄澄澄，香酥酥。拳菜是地道的山货，脆、嫩、鲜。时令蔬菜一般用大青菜或白菜。各类菜分火候依次入锅，炖出来五彩纷呈，色香兼备。

揽锅菜的调料也很讲究，豆瓣酱、老抽酱油和上等的川椒、胡椒，还有白芷、肉桂、陈皮、砂仁数十种中药材配制的特等香料。主食为碗蒸的正宗北方大米，集川味与鲁山风味于一体，配上热腾腾的糯米酒，是尧山景区久负盛名的美味大餐。

◇ 鸡肉

熬炒鸡　以三黄鸡、麻鸡为主，辅以菌类、青菜等。热油爆葱、姜，放入焯好的鸡块快速翻炒，料酒去腥。鸡肉半熟时，加辅菜和秘制调料，炒干即可。调料采用山林中生长的多种香叶，味道奇香扑鼻，这是熬炒鸡一直受到众多食客喜爱的秘籍所在。

酱焖鸡　主料土鸡、面酱、花椒等。菜锅烧热，放入面酱，边搅边续水，炒出香味。然后用土灶台、大铁锅、劈柴烧火，炒炖鸡块，加入姜、蒜、花椒、辣椒等炒干。色泽红亮，肉质瓷实，味道醇香。

滋补甜鸡　现宰土鸡和适量的人参、当归、大枣等中草药材一起用砂锅煨炖。中药材品类，根据季节调整。香味浓郁，滋补养生。

醋熘鸡　鸡肉切块，加半匙酱油腌制。热锅热油，炒到鸡块变色。加佐料、醋炒干。味道酸辣鲜香。

地锅炖土鸡　水烧开后倒入鸡块，放葱段、姜片、料酒去腥，煮5分钟后捞出，清水洗两遍备用。葱、姜、蒜等辅料热油烹出香味，放鸡块爆炒几分钟，加生抽、老抽、蚝油，倒入开水，地锅炖1小时即可。这是尧山众多农家乐餐馆诱人味蕾的看家菜。

茶树菇烧土鸡　油爆花椒、八角、姜片、葱、蒜，放入鸡块翻炒，老抽、料酒提鲜。火候到了，添上没过鸡块的清水，放茶树菇大火烧开，中火焖30分钟即可。口味咸鲜，菌香浓郁，是尧山景区的招牌菜。

烤鸡、炭火烤鸡 将宰杀洗净的土鸡，用姜片、八角、桂皮、花椒等12种大料和盐腌制3个小时，穿在细木棍上，用果木炭火烤制。烤制过程中不停翻动，使之受热均匀，约2个小时，直至外焦里嫩即可。外表金黄，色泽鲜亮，焦香鲜嫩，风味独特。尧山还有泥炉烤鸡，选优质果木炭放入泥炉，将鸡入炉烤制，不停翻动炭火，使鸡受热均匀。2～3小时出炉，色泽金黄，肉质紧实，味香肉嫩，口感纯正。

▷ 山菌

猴头菌汤 猴头菇温水泡发，切成约2毫米厚的大片，放鸡汤中煮半小时，撒上胡椒面等调料即成。清香滑润，鲜嫩可口。

鹿茸菌汤 鹿茸菌洗干净泡发。将水倒入锅中烧开，将鹿茸倒入开水中，焯一下，捞出备用。倒入油，放入姜片翻炒，加适量盐，将鹿茸倒入翻炒，加鸡汤，盖好锅盖，选择全沸腾浓汤模式，将汤倒入大碗中加入香菜、葱花，即可食用。

烧栎莪　山里人把一下雨就在栎树下钻出来，支楞楞的像翅膀又像大耳朵的山菇叫"栎莪"。将栎莪洗好撕成片，先将腌好的肉片用热油烹好，加栎莪炒至微微出水，淋入特制的汤汁，大火翻炒至汤汁浓稠即可出锅。菇味肉味相浸染，让人想想就馋。

干炸香菇　外酥里嫩，香脆可口。香菇切成厚片，鸡蛋、淀粉、面粉勾芡，热油炸成金黄色捞出，加调味品即成。

凉拌木耳　木耳是尧山特产，早在明代已被列为贡品。其富含蛋白质及磷、铁、钙、镁、钾、钠、硫等微量元素，营养价值很高。野生黑木耳寄生于枯死的阔叶树干上，以柞栎树所生最佳。尧山凉拌木耳，选用片大质厚的野生山木耳，去杂质，撕片焯水，再用凉水浸泡，配以蒜末、洋葱丝、香菜及各种调味品，入口清爽脆润。溪声流云相伴时，倒一碗家酿的米酒，配一盘山味十足的凉拌木耳和几个小菜，让人烦恼皆忘，尘虑尽消。

另外，还有羊肚菌和白牛肝菌，富含多种氨基酸、维生素和微量元素，烧菜味道鲜美，炖汤可替代高汤。

❧ 鲁山水席

这是鲁山一带民间待客的正餐宴席，共有二十四道菜。

其中凉菜八道，荤、素各四道，一般称为下酒菜，时令鲜蔬、鱼虾肉蛋、山菌野菜、蛹蛾若虫均可选择。

热菜八碗（海碗），系笼蒸大碗菜，有红烧条子肉、红烧方肉、酥肉、肘子、扒羊肉、整鸡、整鱼、甜米饭等，猪肉蒸碗中垫配素菜，香而不腻。蒸碗出锅后浇淋事先调好的高汤，再传菜上桌。

热汤八碗（海碗），猴头（菌）汤、鹿茸（菌）汤、海参汤、鱿鱼汤、米酒小汤圆、酸醋丸子汤、酸辣肚丝汤、鸡蛋汤等，前四道山珍海味必上，后边三道可选可换，最后一道固定为鸡蛋汤，提示客人宴席要结束了。通常，宴席结束时，主家

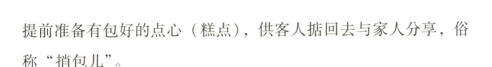

提前准备有包好的点心（糕点），供客人掂回去与家人分享，俗称"捎包儿"。

上菜时，八道凉菜集中传放，热菜、热汤则每次一碗，依次上传，前一碗将尽，后一碗即来。热菜、热汤有相对固定的顺序，荤、素、咸、甜依序上桌，热闹有趣。

鲁山水席"八碗八"有几个特点：

一是有汤有水，味道多样，酸辣咸甜俱全，几乎所有人均能找到适合自己口味的菜肴。

二是有荤有素，天上飞禽，地上走兽，河里游鱼，地里果蔬均可入席，并且可简可繁，丰俭由人。

三是上菜顺序相对固定，如行云流水一般，乐趣盎然。

四是仪式感较强，很多场合由主事安排主客、陪客席次，也有自由组合的。

早年，冯玉祥将军来鲁山，点名要品尝鲁山水席"八碗八"，对其独特风味大加赞赏。

二、山野栖居　隐逸养心

与溪水为伴，与青山为邻，享受安谧舒适，是每个人的梦想。

红尘奔波劳顿，身心俱疲时，可来尧山小住几日。白天，随半谷云烟看一山丛林野花；夜里，听泉溪在砾石裸岩上弹一曲山音绝唱，享一晚清风明月，偷几日浮生清闲，是最好的休息，也是能量的补充。尧山，山峰连绵，河流奔涌，一年四季都有赏不尽的美景。"松花酿酒，春水煎茶"，元代散曲家张可久的隐逸梦，在这里变成了现实。春花满谷，夏风翻云，秋溪流丹，更有冬雪弄晴，红装素裹，到处都是辽阔的大写意。人在其间，千万根烦恼丝都化为云卷云舒，轻松、惬意、安静、自足，淡然若散仙。

赏山聆水也是个力气活儿，玩累了，吃好与睡好是必需的。

随着旅游业的发展，尧山知名度节节攀升，游客流量越来越大，服务业发展成系统、成规模，也越来越贴心，越来越完善。截至2021年底，景区已建成星级酒店5家，商务会务型酒店86家，配套有餐饮、卡拉OK、商务休闲、健身娱乐等。还有适宜散客自游和全家老幼一起游的农家乐（民宿）千余家。

山水环抱的精品民宿，为游客提供了心之所向的安适归处。水是甜的，山是香的，人是质朴热诚的，民风是醇厚的，来到这里，不是旅游是回家。家的舒适感，家的安全感，就像孩子投入娘亲的怀抱，想吃啥有啥，想咋玩咋玩。玩累了，回到"家"，饱餐一顿，摊开四肢往散发着太阳味儿的大床上一躺，无惊无惧无焦虑，美梦就来了……

◈ 尧山镇

尧山镇，坐落在AAAAA级尧山景区内，拥有AAAA级景区画眉谷、墨子古街，AAAA级的好运谷景区、六羊山景区、神牛峡景区等。尧山大峡谷漂流、尧山漂流、尧山第一漂都在近旁，还有尧山滑雪乐园、天龙池滑雪场等。这里发展民宿的条件也得天独厚，上坪村、四道河村、西竹园村、营盘沟村、尧山村、贾店村、桃林村、想马河村等农家乐旅游专业村，建有农家乐（民宿）近800家，其中，星级农家乐（民宿）143家，不少都是三星级以上的高档农家乐和精品民宿。

尧山镇上坪村的民宿农家乐，到夏天就成了众多游人消暑的打卡地。这里群山环抱，森林覆盖率高达95%，是省级森林公园。上坪村是河南首批乡村康养旅游示范村，又是去龙潭峡景区的必经之处。全村建有50多家农家乐宾馆，旅游旺季日接待游客5000人以上。

住在山捧水护的农家乐宾馆里，山声满耳，水声悦心。一年一季的五谷杂粮和土豆，还有树生山养的各种绿色菜品，单是玉米糁、蒸土豆，配上珍珠花干饭和山韭菜炒柴鸡蛋，就让人乐在其中，流连忘返。

▷ 赵村镇

赵村镇在鲁山县西部，东邻下汤镇，南邻四棵树乡，西邻尧山镇，素有"温泉之乡""柞蚕之乡""赵姓祖始""观鸟基地"等称号。作为旅游乡镇，赵村镇年游客量达200万人，全镇有农家乐58家，纯餐饮型23家，食宿型35家。另有4家特色民宿。国家首批、河南省唯一的国家级旅游度假区——尧山温泉旅游度假区中心区域位于该镇上汤村，建有福泉星级酒店、尧山福泉等旅游配套设施。

赵村美食多，犹属赵村甜鸡子最有名。

▷ 四棵树乡

四棵树乡位于鲁山县与南召县一岭之隔的隘口要道，地质古老，山清水美。这里除了古树参天的文殊寺、珍珠潭瀑布群等景点之外，还有吸引全国各地驴友和探险者纷至沓来的迷沟，原始蛮野，深林落叶没膝，栖息着不知名的鸟兽。这里有山，名挂鼓楼，海拔 1341 米，紧邻千年古刹文殊寺，曾为农民起义军屯兵练兵之处，是近年火爆起来的穿越线路之一。

迷沟是穿越者的选项。平常游客来四棵树，爬山观水，处处是景，有吃有玩，老少皆宜。

四棵树的张沟村，农家乐兴办最早，如今已经成为"网红打卡地"。一到周末，热闹非凡，游客来这里可以玩玻璃滑道、走网红桥，观赏从煮茧缫丝、打纬刷经、织造炼绸到手工缝制的全套丝绸制作工艺。还可以上蚕坡看彩色柞蚕，进桑葚园采摘桑葚。数十家农家乐餐馆，可以吃地道的特色农家饭，住风味独具的民宿，听竹声潇潇，虫声唧唧，一夜好睡到天亮……

◇ 库区乡

库区乡位于鲁山县城西 12 公里处，环昭平湖而设。辽阔的水域景观和丰厚的人文景观之外，围湖山色秀丽，涧溪多出，随意顺着一条沟谷走进去，民居素朴，山花烂漫，天然成趣。

库区乡蓝莓种植经过 10 年发展，面积达到了 6000 多亩，成为特色产业，建有不少自助采摘体验园区。一年一届的蓝莓节，四面八方的游客来到这里，不但闻到了泥土香和蓝莓香，还真切地体验到了从枝头采摘果实的快乐。那留在指尖上的快乐，是原始的快乐，也是在大自然的怀抱里畅怀呼吸的快乐，更是对潜意识里挥之不去乡愁的深深慰藉。

▷ 下汤镇

下汤镇位于鲁山县中部偏西，镇政府距县城约25公里，是中州名镇，温泉之乡。扼襄阳至洛阳的古关要塞，临昭平湖万顷碧波，大沙河蜿蜒环抱，走在古朴典雅的老桥上，放眼水鸟翻飞，层山如画，惬意舒爽。

下汤镇林楼村的万亩桃园，花开时娇艳欲滴，蜂飞蝶舞，年年春季的桃花节，吸引省内外游客前来赏花踏青。

红二十五军宿营地也在下汤。该镇林楼村建有红色纪念馆，龙潭村还有玻璃栈道等旅游体验项目。

让下汤镇名扬四海的，是温泉。几处温泉大酒店和温泉度假村高端大气，林楼等村的乡间民宿雅致清幽，充满野趣。

温泉的古老传说在下汤，在这里泡温泉不只是泡澡，更是戏水，是放飞心情。各种泉池，各种药浴，鱼疗、水疗，水温有差异，各由喜好。泡完了，还可以躺在温度适宜的木板屋里，仰望星空。

三、长寿之乡　延年之境

鲁山县，层山骀荡，草茂林丰，空气清新，水质优良，是"中国长寿之乡"。

尧山是鲁山县山水景观的精华所在，也是水澈山明的养生之地。

围绕昭平湖的，婆娑村、曹楼村、张湾村，有三位百岁老人。

张金荣　女，生于 1915 年 1 月，昭平湖畔杨家岭下婆娑村村民，她膝下有七个子女。乡邻们眼中的她，勤劳、开朗、和善。除了下田干活，院子里、锅台边，都有她终日操劳的身影。粗茶淡饭度日月，经战乱，历灾荒，人生的路途上，各种困苦与磨难，她都过来了。妻子和母亲的责任，让她包容了再包容，承担了再承担。这朴素的责任与承担，加上这一方山水的浸渍与恩养，让她得以乐享天年。

她百岁高龄，身体健康、头脑清晰。听她女儿说，前些天，想着房顶上晒的粮食，她还沿着楼梯上去，被女儿发现，赶快扶她下来。

老人最爱喝玉米糁，吃自己种的新鲜蔬菜，多年来坚持做饭。这也是她健康长寿的原因之一。

张耀龙　男，1921 年 6 日出生于昭平湖水库北岸的曹楼村。这里山峦起伏，满目苍翠，村南为昭平湖，村西为荡泽河，是一个山绿水秀的风水宝地。

张耀龙年轻时是生产队的饲养员。大集体时代，耕牛是生产队的宝贝，不仅能耕地，还要拉车。张耀龙懂得牛是农民的命根子，精心照料，从不懈怠。喂牛时，闲时早晚两顿，忙时一天三顿，把草筛里的粗草硬草拣出来，用手搓了又搓，搓软了再喂。牛和他有感情，张耀龙也把牛看成亲人。

张耀龙心地善良。有位汝州寄料的人来库区拾麦穗，他不但帮人家打麦，还管饭。有一次，他赶着牛车去汝州拉煤，路过那位拾麦人的家门口，那人伸手拉住他，非留他吃完饭再让走。

张耀龙口味淡，不喜欢多油多盐。他最爱吃山野菜，百岁老人了，还让女儿去山上采各种时令野菜焯了吃。他不抽烟，不喝饮料，没有常见的富贵病"三高"。他的视力特别好，除了耳朵有些背，啥病也没有。

张秀英　女，生于 1922 年 1 月，是库区乡张湾村的村民，一个小脚老太太，看上去精神矍铄，膝下有三男两女。张湾村绿树掩映农舍，湖水依偎村庄，是一个湖光山色与田园风光交织的美丽乡村。

在村民们的眼里，张秀英性格开朗，遇事不抱怨，总是记得别人的好处。她嫁到张湾村后，曾经担任过妇女队长，做事认真，遇事谦让，处事公道，留下了让人津津乐道的口碑。

20世纪60年代初，正值三年困难时期，为了养活5个儿女，她步行到内乡县宝天曼附近，和堂匠班的人一起开荒种地，每天天不亮就起床，起早贪黑，卖力气把孩子们拉扯大。在儿女们眼里，张秀英是个吃苦耐劳、勤俭持家、慈爱温暖的好母亲。

张秀英和善大度、乐观向上，乡亲们都喜欢她。不管有什么事，都会去找她帮忙。她也总是尽心尽力帮人排忧解难。在宝天曼种地的时候，她收留了两个女孩儿，给她们吃，管她们住，让她们感受到了母亲的温暖。几十年后，这两个"女儿"还时常来鲁山看望她。

张秀英95岁的时候还能做针线活。她平时爱走动，有戏时，十里八村追着看。她儿媳说："俺娘吃惯了五谷杂粮，从不挑食，她平时最爱吃的是黑菜。"

尧山，是一部文化之书，也是一部自然之书，美丽的山水风光，陶冶人的性情，清澈的空气、纯净的水，恩养人的身体。种类繁多的植物，不但是人类的衣食父母，更是深度参与了漫长的人类文明发展史。我们静下心来，触摸社会发展中政治、经济、文化兴发与消亡的历史痕迹，就不难发现，生长在大地上的各种植物，都与我们血脉相连。我们自以为熟悉小麦、水稻、玉米、大豆、棉花、西红柿和辣椒，就像熟悉自己的指与掌，可它们身后带着成串的浆果一样的历史故事，我们却知之甚少。尧山有多达4000种的绿色生灵，就是借助手机上识别植物的软件，我们又能认出多少呢？更别说熟识和了解它们了。

除了多种多样的珍禽异兽，即便是水的生成和循环，即便是寂默不语的岩石和土地，都有探之不尽的水文与物理信息。

尧山，是宇宙发展史上的一抹亮丽，是光阴在向我们召唤。但凡睁眼所见，呼吸所及，自然万物无时无刻不在浸润和滋养着我们的肉体和心灵！敬畏和热爱它们吧，这才是造访和游览尧山以及更多自然景区的意义所在。

第二节　多彩游艺　欢乐无限

自然山水构成基底，人工设施打造游乐。

酷玩、潮玩横空出世，尧山旅游渐趋丰盈。

夏季，河水涨满河道，正可水上游乐。

冬季，大雪封山，尧山北麓滑雪场引来游人无数。

一、玩水嬉雪　恣意狂欢

尧山旅游渐趋多样，一年四季，皆可游乐休闲。

尧山河系发达，峡谷幽深，河中巨石遍布，河道两侧山清水秀。夏季，河水涨满河道，水上游乐多区、多项、多彩。尧山

先后开发漂流路线 5 条，原生态漂流各具特色。漂流时，水花四溅，惊险刺激，尖叫声、欢笑声，此起彼伏，为尧山旅游增添了几分热闹喜庆的气氛。冬季，大雪封山，尧山北麓的滑雪场，雪上飞碟娱乐区、儿童专业滑雪乐园，让尧山成为冬季玩雪的首选地。目前，滑雪、漂流、水上游乐等各种体育休闲点遍布景区。

◈ 峡谷漂流

尧山大峡谷漂流 全长 9 公里，落差 150 米。河道时宽时窄，最宽处 85 米，最窄处 5 米，既有急流险滩，又有平湖深潭，水流激荡，惊险刺激，是漂流的理想河段。

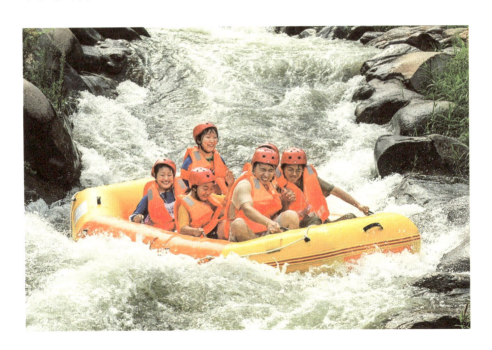

尧山天河漂流　全长 10 公里，落差 238 米。整个线路"S"形回旋，时窄时宽，激流澎湃，舒缓有度。有"白雨跳珠乱入船""汹涌碰撞惊无险"的刺激感。

尧山第一漂　全长 6 公里，落差 150 米，最宽处 50 米，最窄处 2 米，河道曲折蜿蜒，奇峰异石相伴。顺水而下信马由缰，收放自如。

碾盘山漂流　全长 6 公里，落差 209 米。河水湍急，惊险刺激，设有回旋漂、森林漂和戏水区。"S"形弯道，峰回路转，弯弯相连，给人以"山重水复、柳暗花明"之感。

迷沟漂流　全程 6 公里，落差 188 米，九曲十八弯。两岸危崖夹峙，树木葱茏，河床险峻，急流密布，有中原"水上绿宝石"美称。涧水忽缓忽急，既可饱览两岸风光，又能充分感受漂流乐趣。

▷ 水上乐园

汤泉宫水上乐园　位于下汤镇下汤温泉度假村内，分室内、室外两部分。室内恒温项目占地约 5000 平方米，建筑高雅美观。室外设大型海啸池、自然汤池、惊险游乐等。室内室外项目包括温泉游泳馆、儿童水寨、彩虹竞赛滑道、敞开螺旋滑梯、皮筏螺旋滑梯和家庭滑梯、仿真海啸池等。

尧龙湾温泉水上乐园　位于库区乡婆娑村，建筑面积 21 万平方米，是一家以室内温泉+戏水项目为主的游乐场所。设有海浪池、冲天回旋滑道、三彩滑道、高速滑道、水疗池、儿童水寨等项目。

◇ 高山滑雪

天龙池滑雪　位于尧山镇贾店村，已开发练习道、初级雪道、中级雪道、儿童专用道等。滑雪板全部采用与欧洲同步的标准大头雪板，易控制滑速。雪场拥有全自动雪地魔毯、托牵，运载力强，可提高滑雪时间、效率，增强滑雪舒适度。

尧山滑雪乐园　占地面积20万平方米。其中雪场面积3万平方米，雪具大厅3000平方米。滑雪乐园一期建设有初、中级雪道各1条，雪地魔毯2条。雪道宽100米，长近500米，最大坡度18度，最小坡度5度。雪场引进国际先进的造雪、压雪设备，并设有雪上飞碟娱乐区，儿童专业滑雪乐园地，可赏雪、玩雪。

二、户外游乐　潮玩酷玩

自然山水构成基底，人工设施打造游乐。山间惊险刺激、有趣的游乐项目，人们在充分享受呼啸的惊险刺激感的同时，欣赏高空风光，让您抛却烦恼，享受欢乐。

▷ 想马河

玻璃天桥　又名天云渡。悬在峡谷间，与一般的玻璃栈道相比，更高更透明更刺激。全长 268 米，高 168 米。桥面采用透明双层钢化玻璃铺设，强度在普通钢化玻璃的 25 倍以上，抗弯曲、耐冲击。现代技术与大自然完美结合。置身其上，云烟缥缈，惊险刺激。

时光隧道　上下三层。第一层，脚踏互动屏幕，钟乳石神斧天工。第二层，大型 LED 屏幕，营造多种沉浸式视觉体验：从神秘海底世界，到十里烂漫桃花；从远古森林、动物世界，到浩瀚的宇宙星空，仿佛时空穿越。第三层，枫叶片片，流水潺潺，水上鸳鸯，水边木屋，亭台楼阁。

玻璃吊桥　两个吊桥悬空，2 根钢丝牵引，飞凌十几米深谷。桥面透明，全程并不连接。两块玻璃间隔 30 厘米，需大步迈过去。脚下谷深崖险，每走一步，都能感受到桥面晃动，可谓步步惊心。

射击场　体验军旅生活，感受军事场景，满足军人崇拜。是集国防教育、军事体验和体育竞技为一体的游艺射击主题乐园。

宇宙飞碟 是"惊声尖叫"项目之一。建于半山腰上，飞碟距地面道路约 50 米。金黄的"大圆盘"，带着你在青山绿水间旋转，呼呼风声与伙伴们的尖叫声，在耳边交织回荡。

梦幻镜宫 总面积 500 平方米，内设镜子迷宫、万丈深渊、星空小屋、炫彩水母、时光隧道等迷宫式智力游戏，向您的洞察力、判断力发起挑战。是网红打卡地。

高空玻璃旱滑 全长 800 米，最大落差 200 米以上，在自然景点和树木间盘绕而下。底面和两侧为透明玻璃。滑行中，身体随滑道弯曲变化，不停变换各种姿势，时而平缓，时而急转，就像骑上一匹脱缰的野马，惊险刺激。

高空飞拉达 由登山运动衍生而来。直线爬升总高度超 500 米。分为高阶线路，入门新手线路。有直线爬升、走悬崖、走钢丝等刺激环节。富有技巧性、冒险性，是极限运动中的一个重要项目，有"岩壁芭蕾""峭壁上的艺术体操"等美称，一度风靡世界。

七彩虹草滑　同滑雪一样，使人既能感受风一般的速度，又能领略大自然的美好风光。

◇ 天龙池

高山丛林玻璃滑漂　"云天漂霸"全长 2.3 千米，最大落差 158 米，有 6 个 360 度大回旋环，最后一处回旋 720 度，穿树荫，溜山林，高空俯瞰，如巨龙盘旋。项目落差大，距离长，外观设计美，安全系数高，惊心又刺激。

花岗岩观光滑道　透明顶棚，全长 366 米，17 个弯道。每个弯道角度、坡度不同，乐趣不同。

天空之镜　海拔千米，由 110 块钢化镜面玻璃组成，总面积 129.6 平方米。大气晴朗时，游客站在观景台上，蓝天白云经镜面反射，令游客如入云端，如漫步天空之城。脚下壁立千仞，甚是惊心。

空中飞船　峡谷两端用 32 毫米钢丝绳相连，在钢丝上装备两条飞船，每船可乘 4 人，适合各年龄段游客。乘坐其上，赏峡谷，看蓝天，观奇石，深度融入自然。

步步惊心　建于玻璃天桥旁的丛林峡谷中，由钢丝绳牵引。去时一条七彩玻璃，回来为一条七彩实木。120 米落差。走在上面摇摇晃晃，恍若云端漫步。

网红喊泉　又称呐喊喷泉，为新型娱乐项目。通过游客发声的高低、时间的长短，来刺激喷泉的喷射高度和持续时长，可释放压力，锻炼肺活量，促进肺部血液循环。人泉互动，趣味无穷。

网红鸟巢　高2.6米，内径1.5米。搭架缠绕藤蔓，严丝合缝。情侣相拥，坐拍山景，浪漫甜蜜。

透明摇椅　又名泡泡椅。以透明的亚克力，加钢圈和椅垫，制成大型座椅。椅子宛如飘浮在空气中的泡泡，澄净而透明。人在其上，如同置身于太空中。

◇ 尧山

尧山索道　位于迎风树至好汉坡间，世界最先进的奥地利单线循环，脱挂抱索器车厢式索道。全长2746米，线路高差949.5米，最高速度6米/秒，车厢容量8人，单程运行时间8.55分钟，单向每小时最大运量1200人次。

索道凌空飞跨 3 道奇峰，3 条幽谷。空中全新视角，可俯瞰尧山全貌，饱览南天门、双菇峰、猴子拜观音、圣母峰、报晓峰、竞秀峰、将军峰、红枫谷等秀美风光。

红枫索道　位于红枫谷内，为开放式观光索道。双人吊篮，全长 1200 米，上下站落差 408 米。

石人索道　在石人沟口至凤凰台南侧。全长 999 米，最大垂直落差 341 米，70 个吊篮，上行需时 15 分钟。上站为西观景台。

天下第一滑　自览胜台北下至白牛城口。滑道借自然山势下延，盘旋曲折。全长 2800 米，分 6 段，每段 400 余米。滑道槽用抛光花岗岩板铺贴，槽宽 60 厘米，扶手高 40 厘米，依重力自然下滑。

电力游览车　位于通天梯旁，5 排座位，可载 10 人以上。两面敞窗，穿越隧道，徐徐上行至通天门，是尧山交通工具中的"前朝遗老"。

第三节 精品线路 各显其美

尧山，步移景换，四季美妙。

春之尧山，虽步履迟缓，却鲜艳馨香。

秋之尧山，虽寒意潇潇，却五彩斑斓。

尧山，可赏花，可避暑，可探险，可嬉水，可滑雪，可沐温泉。

尘间，倦了，累了，

走进此地，给心灵放个假，觅一份静谧与幽远。

一、四季游赏 美不胜收

一山看尽五岳景。尧山把"雄、险、秀、奇、幽"元素尽收囊中，四季变换，景物换色，晨昏移位，情调迥异，什么时候来，都有让你心动的美。

春风送暖，百花怒放。自山脚至山顶，从初春到盛夏，紫荆花、杏花、桃花、连翘花、迎春花、棠梨花、茱萸花、辛夷花、红杜鹃、紫杜鹃、珍珠梅等次第开放，装点着山川季节。

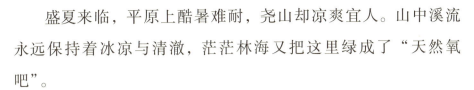

盛夏来临，平原上酷暑难耐，尧山却凉爽宜人。山中溪流永远保持着冰凉与清澈，茫茫林海又把这里绿成了"天然氧吧"。

秋高气爽，层林尽染，尧山变得"三黄五红十绿"（著名作家李準评语），俨然成大自然绘就的巨幅画卷。

冬来尧山，这里成了冰雪世界。由于特殊的地理优势，尧山降雪量大，积雪时间长，赏雪、滑雪、看树挂（雾凇、雪凇、雨凇）又是一番别样景致。

赏花采果

香风阵阵，花雨缤纷，恍若三月雪飘。万千风情，集于一春。

一入尧山，但见山崖溪畔，丛丛簇簇，春花绽放。"千步连翘不染尘，降香懒画蛾眉春。"迎春、连翘、山茱萸，花朵摇曳，清香扑鼻。棠梨、杏树、辛夷，目不暇接，争奇斗艳。迎春花淡雅脱俗，连翘花金灿馥郁；山茱萸嫩黄成簇，棠梨树花雨飘飘；紫荆花紫雾烟岚，辛夷花翩若白云。

紫荆花赏花路线 尧山景区鹰嘴岩——九曲瀑布。

尧山早开之花，串串簇簇，缀满枝头。举目远眺，山峰幽谷，宛若紫霞万顷。

杜鹃花赏花路线 尧山杜鹃，品种丰富，数量庞大，仅尧山景区千年古杜鹃就有15万株之多，具有分布广、花期长、花形美、花色艳等特点。红似血，粉若霞，紫如烟。老干虬枝，姹紫嫣红，花海荡漾，气势磅礴。尧山景区于每年4月下旬举办"尧山杜鹃花海节"，四棵树乡每年也举办"鲁山杜鹃节"。

线路一 尧山景区尧山索道—二道垭—览胜台—玉皇顶

线路二 尧山景区通天门—北观景台

线路三 四棵树乡西平沟—东平沟—城望顶

线路四 龙潭峡景区虎啸岭—杜鹃长廊

桃花赏花路线 下汤镇林楼村万亩桃园。品种有春蕾、九宝、艳红、血桃、红冠十余个。花开时节，漫山遍野皆是花，团团簇簇惹人醉。每年春季，这里都举办盛大的桃花节。

蓝莓种植园采摘路线 库区乡葡萄架、东许庄、党庄一带，为河南第一大蓝莓生产基地。分 19 个种植园区，建有游客服务中心、农产品展销厅、咨询中心等。蓝莓早春开花，端午前后采摘，蓝色果实诱人。地方政府年年举办蓝莓文化节。

消夏避暑

尧山景区群峰嵯峨，怪石嶙峋，溪流潺潺，河网纵横。海拔每升高 1000 米，温度降低 6℃ 左右。这里的气温比山下低 4～6℃，比城市低 5～8℃。

线路一 尧山景区

尧山数百座山峰海拔均千米以上，近百座 2000 米以上，森林覆盖率达 97%。这些石峰山树，吸附热量，阻挡热浪，散放清凉。炎夏时节，平均气温 23℃。尧山森林中的"空气维生素"是城市的几十倍，有"天然氧吧""中原绿肺"的美誉。

在这里，可听松涛，观飞瀑，嬉溪水，聆鸟鸣，呼吸大自然原始的味道。

线路二 六羊山景区

通天河，一条白练在山间飘飞，激越成瀑，舒缓成潭，遇石缠绕，遇山成涧。

水帘瀑波纹似鳞，通天瀑水幕挂壁，龙潭瀑玉龙天降，道清潭群星闪烁，美女潭仙子出浴。

◈ 线路三 ▶ 龙潭峡景区

龙潭峡河道蜿蜒，潭瀑众多，溪流美妙如琥珀，自然落差千余米。东龙潭瀑布特别壮观，水流自百米高崖奔腾而下，给人以"飞流直下三千尺，疑是银河落九天"的震撼。

◈ 金秋赏叶

金秋林叶绚丽如霞，像油画浓墨重彩，热烈张扬；似锦缎五彩斑斓，让人惊叹。

尧山红叶种类繁多。

◈ 线路一 ▶ 尧山景区石人索道下站——西观景台

乘索道观光，大片红叶、黄叶从身下掠过，色彩鲜艳，层次鲜明。东可见青龙背峰峻松翠，花团簇簇；西可见尧神峰、凤凰台五彩斑斓、层林尽染。

线路二　尧山景区玉皇顶——白牛城

沿线红叶与奇峰怪石相呼应，红、黄、褐、绿，色彩缤纷。乘滑道滑行在起伏不定的林坡间，轻捷欢快，神思飞扬，视域辽阔，景色翩然。

线路三　尧山景区红枫谷（大将军峰—南观景台）

红枫谷为红枫密生的区域之一。谷深 3000 米，一沟两坡，红叶流丹，热烈奔放。山间林上，有红枫索道，可在高空俯瞰美景。

线路四　文殊寺

四棵树乡平沟文殊寺内，银杏三雌两雄共 5 棵，树龄 2800多年，枝干挺拔，绿叶婆娑，古人有"银杏封宇"的赞誉。金秋时节，银杏叶满目金黄，灿烂无比。

最佳观赏时间：每年 11 月中旬。

观凇赏雪

尧山冰雪资源得天独厚。冬季雪花大如席，时常出现三月桃花雪，有时还会六月飞雪，是赏雪的胜地。

线路一　尧山索道——玉皇顶

雾凇俗称树挂，常于寒流、大雪、雨后生成，是尧山奇特的冰雪美景。地冻天寒时节，飞瀑流泉皆成琉璃世界，冰瀑、冰花、冰柱，如玉树花开，琼枝倒悬，美不胜收。

线路二　石人索道——西观景台

雪后的尧山银装素裹，晶莹剔透，分外妖娆。乘坐石人索道可以欣赏到独特的高山、森林、奇石、云海、冰雪、雾凇等景观。

二、寻根拜祖　饮水思源

尧山是刘姓、赵姓发祥地。每年清明前后，都会有刘姓、赵姓后人来寻根祭祖。

线路一　尧山景区——昭平湖

尧山景区有尧祠。进入山门，玉皇河左侧有一尊天然石像，惟妙惟肖，传为刘累虔诚拜尧所化。石人索道下站旁有座山峰，酷似一位慈祥老人，人称"尧神"。

昭平湖景区建有"中华刘姓始祖苑"，内有刘累墓和始祖殿

等。前国家主席刘少奇之子刘源，亲笔题写碑文"刘姓始祖刘
累公之墓"。世界刘氏纪念馆，供奉历代刘氏皇帝、先贤、名人
80名。刘氏与龙文化碑林分为两大部分，前为专家碑，后是功
德碑。另有甲骨文碑，上写"鲁邑自古名，山水风土灵。御龙
徙至此，后人多询问"。

线路二　赵村镇宽步口村

赵村镇宽步口村，是赵姓始祖造父的墓地。造父为西周周
穆王时的御马官，去世后，葬在赵老嘴下金马沟河的源头。墓
四周青山环抱，松柏苍翠，绿水长流，被当地人称为"马王
爷"坟。

三、红色印迹　光辉记忆

◇ 党史撷英

尧山历来为军事战略要地，扼宛洛古道咽喉。南有4棵树
乡分水岭关，北有尧山镇没大岭关隘。楚国在尧山山脊筑长城，
白莲教也曾留下屯兵练武遗址。大革命时期、抗日战争时期、
解放战争时期，尧山是红军、八路军、解放军的活动区域，故
事传说很多。

1932年11月，贺龙、关向应率中国工农红军第三军进入鲁
山。经四棵树乡张沟村口，下汤镇沙巴店，赵村镇朱家坟、中
汤、赵村，尧山镇二郎庙、贾店、四道河、铁匠炉，翻越没大

岭（亦称木札岭）进入嵩县。

1934 年 11 月 29 日，红二十五军长征途经鲁山，历时仅 3 天，但播下了革命火种，留下了宝贵的长征精神。

1945 年 6 月，河南区党委、河南人民抗日军进驻鲁山西部山区，驻扎二郎庙街（今尧山镇老街）。6 月 10 日，在二郎庙建立中共鲁（山）西县委员会和鲁（山）西县抗日民主政府。

下汤红色纪念馆　位于下汤镇林楼村。展厅面积 105 平方米，展品 60 余件，分 6 个区域，涉及红三军战略转移途经下汤、红二十五军长征、解放战争后剿匪巩固政权、全县红色文化与革命纪念简介等。

婆娑革命纪念馆　位于库区乡婆娑村。展厅面积 210 平方米，展品 80 余件，分 10 个区域，主要为历史沿革、文化遗迹、灾难深重、民国十年土匪破寨、1929 年中共鲁山特支党员孟昭熙和乔文宣的革命活动、抗日武装、解放战争时期人民政权建立、对驻村野战医院支援、剿匪反霸斗争、功臣劳模烈士事迹等。

鲁山第一烈士陵园　位于昭平湖畔，占地 50 亩，1999 年 5 月竣工。园内葬有中共鲁山地下党组织创始人、特支书记吴镜堂；鲁山第一支革命武装"铁血团"团长乔文宣；"竹沟事变"中牺牲的中共河南省委委员、统战部长王恩九等。

鲁山第七烈士陵园　位于赵村镇赵村。陵园长约 18 米，宽约 10 米，葬有 5 位无名烈士和一位尧山籍烈士。

周边场馆

鲁山县豫西革命纪念馆（豫陕鄂前后方工作委员会旧址）

位于鲁山县城老城大街，原基督教牧师住宿的小楼（简称牧师楼）。牧师楼始建于 1891 年，系挪威人传教到鲁山县建造，西欧建筑风格，建筑面积 400 平方米，是现存西洋建筑的活标本，有一定的文物价值，是河南省首批重点建设的 26 个红色旅游经典景点之一。2006 年 8 月，被河南省政府批准为"第四批文物保护单位"。2013 年 3 月，豫西革命纪念馆被国务院公布为"第七批全国重点文物保护单位"。

梁洼镇革命纪念馆　位于梁洼镇南街村。纪念馆占地约5300 平方米，展厅总面积 264 平方米，于 2021 年 3 月 14 日开工建设，6 月 20 日竣工，总计投入 300 余万元。6 月 25 日，该纪念馆正式对外开放。

梁洼镇革命纪念馆内陈列有梁洼籍革命英雄吴镜堂、贾同、刘福昌等事迹介绍，有志愿军团级以上干部所用的武装带，有抗战时期用的铜壶、枪械、大炮、电话机、发报机等，院内还有开国元勋和十大元帅的雕像。

四、走进尧山　步入画卷

◆一日游线路◆

之一：尧山景区观光

1. 尧山山门—尧山索道—览胜台—玉皇顶—滑道—青龙背—白牛城—伴仙居，返回。（奇峰怪石、瀑布溪潭、奇花异草、原始森林、杜鹃长廊、日出、云海、红叶、奇松、滑道、青龙背）

2. 尧山山门—尧山索道—览胜台—玉皇顶—石人—寿松—西观景台—石人索道—白牛城口—伴仙居，返回。（奇峰怪石、瀑布溪潭、奇花异草、原始森林、杜鹃长廊、日出、云海、红叶、奇松）

3. 尧山山门—尧山索道—二道垭—红枫索道—石板河—大将军—伴仙居，返回。（奇峰怪石、瀑布溪潭、奇花异草、杜鹃长廊、日出、云海、红叶）

4. 尧山山门—九曲瀑布—伴仙居—红枫索道—二道垭—览胜台—玉皇顶—滑道—青龙背—白牛城—伴仙居，返回。（奇峰怪石、瀑布溪潭、奇花异草、原始森林、杜鹃长廊、日出、云海、红叶、奇松、滑道、青龙背）

5. 尧山山门—九曲瀑布—伴仙居—北观景台—王母轿—白牛城口—伴仙居，返回。（奇峰怪石、瀑布溪潭、奇花异草、杜鹃花海、日出、红叶、峰林地貌）

6. 尧山山门—白龙潭瀑布—九曲瀑布—伴仙居—王母轿—

白牛城口—沙河源—西观景台—石人索道—伴仙居，返回。（沙河探源、奇峰怪石、奇花异草、飞流瀑布、溪潭戏水）

7. 尧山山门—尧山索道—览胜台—玉皇顶，返回。（奇峰怪石、奇花异草、原始森林、杜鹃长廊、日出、云海、红叶、奇松。冬季赏雪景，看树挂——雾凇、雪凇、雨凇，夏季夜游尧山、看日出）

之二：尧山景区观光览胜：漂流或滑雪、昭平湖亲水游。（观景、滑雪、漂流、泛舟）

之三：龙潭峡或六羊山山水览胜：农家风情体验，想马河或天龙池游览观光、地质科普。

之四：尧山景区、昭平湖自然风光、寻根问祖文化游、温泉康体休闲。（温泉洗浴、SPA、保健按摩、康复疗养）

之五：尧山景区探秘——文殊寺。

◆ 二日游线路 ◆

之一：第一天，尧山景区观光览胜：漂流或滑雪。

第二天，昭平湖自然风光、寻根问祖（领略湖光山色、探寻刘姓起源、感受墨家文化）、温泉康体休闲。

之二：第一天，尧山景区观光览胜：温泉康体休闲。

第二天，佛泉寺或文殊寺礼佛—六羊山或龙潭峡山水观光览胜、农家风情体验。

之三：第一天，尧山景区观光览胜。

第二天，想马河或天龙池游乐。

◈ 三日游线路 ◈

第一天，尧山景区观光览胜：漂流或滑雪。

第二天，六羊山或龙潭峡山水观光，温泉康体休闲（温泉洗浴、SPA、保健按摩、康复疗养）。

第三天，想马河或天龙池游乐：昭平湖自然风光、寻根问祖文化游。

第四节　通道畅达　行游便捷

高山无险阻，天堑变通途。

昔日芳华深闺，今日桃源可顾。

策马扬鞭，燃犇驰骋，追梦大山深处。

云上尧山，

看花开花落，观云卷云舒，

恰似闲庭信步。

一、立体交通　密织成网

尧山，西与洛阳市嵩县接壤，南与南阳市南召县相邻。站在尧山主峰玉皇顶，"鸡鸣闻三市，一足踏三县"。

鲁山县全境有四个千年以上隘口，尧山就占两个。南召县城北与鲁山县四棵树乡分水岭处，古为"小鲁阳关"，今有207国道、二广高速通过。尧山北麓，与外方山衔接处，古为"没大岭关"，是鲁山县尧山镇与嵩县车村镇的界垭，今有311国道、郑栾高速穿过。

尧山开发前，这里地处偏远，人迹罕至。如今，时空更迭，沧桑巨变，天堑变通途。

公路 尧山公路四通八达。

G311 线、G207 线两条国道在尧山风景名胜区通过。省道、县道，全部与尧山贯通。郑、洛、漯、平四市，天天有多趟班车直发尧山。

平顶山发往景区的班车，旅游旺季一天十余趟。

鲁山县城发往景区的旅游班车，10~20 分钟一趟。

铁路 焦枝铁路，自东北向西南穿越县境。从鲁山乘火车，可直达北京、上海、南京、武汉、重庆、成都、广州等地。

郑（郑州）万（万州）高铁在平顶山西、毗邻鲁山之宝丰县设站。东接郑州东站，过南阳入湖北境，经巫山、奉节、万州、重庆，直达成都。

正在建设中的呼（呼和浩特）南（南宁）高铁穿越景区。

拟建的平顶山西站至尧山温泉旅游度假区观光铁路专线工程，由天瑞旅游集团筹资建设，总长 62.9 千米。从郑万高铁平顶山西站引出，经鲁山北站、昭平湖站至尧山温泉旅游度假区，时速 200 千米/小时，预计工期两年半。该工程可研报告由中铁第四勘察设计研究院编制完成。

高速　郑尧高速是河南省唯一由国家交通部勘察设计的典型示范工程，是河南省高速公路"686"建设规划网的重要联络线。全长 182 千米，双向 4 车道，是一条能源、旅游大通道。东起郑州西南侯寨，终点尧山。设有尧山站、尧山西站，今已与栾川相通，更名郑栾高速。连接郑州西南绕城高速、许昌至登封高速、南京至洛阳高速、二连浩特至广州高速。

乘车沿高速看山，景色旖旎多变。诗曰：山川如画绿相依，九野葱茏景色奇。推窗瞻远峰叠翠，风光变幻使人迷。

正在建设中的还有叶县至鲁山高速，与郑尧高速衔接，全长 52 千米。

机场 尧山距新郑机场约 150 千米，距洛阳机场约 100 千米。全国各大城市都有到郑州和洛阳机场的航班。新郑机场有发往鲁山县城的班车，每天两趟。洛阳长途汽车站也有发往鲁山的班车。

拟建中的尧山旅游机场项目，也已列入中国民航和河南民航规划。选址报告、飞行应急程序，已设计完成。

二、自驾旅游 省力省心

尧山区位优势明显，处在洛阳市和南阳市的中间位置，紧临平顶山市区，位于平顶山市、洛阳市、南阳市、漯河市、驻马店市等五城市的辐射中心。郑尧高速和二广高速两条高速公路在境内的下汤镇呈十字形互通。国道 311 线、国道 207 线、省道 242 线、省道 231 线等干线公路过境。

郑州至尧山：在郑州上郑栾高速，到尧山站下高速，沿尧山方向行驶即可到达。

洛阳、南阳、焦作、济源、三门峡至尧山：上二广高速驶向南阳、襄樊方向，到下汤站转郑栾高速，驶往尧山方向。

安阳、濮阳、新乡、鹤壁至尧山：上京珠高速到漯河，转南洛高速，至平顶山西再转郑栾高速，驶往尧山方向。

陕西至尧山：连霍高速转二广高速，再转郑栾高速，驶往尧山方向。

山西至尧山：上二广高速，转郑栾高速，驶往尧山方向。

襄阳至尧山：上二广高速，沿洛阳方向，转郑栾高速，驶往尧山方向。

武汉、随州至尧山：上许广高速，至平顶山转宁洛高速，再转郑栾高速，驶往尧山方向。

阜阳至尧山：上宁洛高速，转郑栾高速，驶往尧山方向。

徐州至尧山：上连霍高速，转商登高速，再转郑栾高速，驶往尧山方向。

后　记

　　文化是旅游的灵魂，旅游是文化的载体。推动文化和旅游融合发展，是以习近平同志为核心的党中央做出的重要决策。党的二十大提出"坚持以文塑旅、以旅彰文，推进文化和旅游深度融合发展"的新部署、新要求，这是贯彻新发展理念、践行"绿水青山就是金山银山"理论，提升发展质量、增强发展动能、满足人民群众美好生活需要的战略举措。河南作为文化大省、旅游大省，全省上下始终高度重视文化旅游工作，省十一次党代会把文旅文创融合战略纳入"十大战略"重大决策部署，平顶山市十次党代会把文旅康养城作为建设"四城四区"、实现"壮大新动能、奋进百强市"目标的重要任务，鲁山县十五次党代会提出打造"两山"理论样板区、全国知名旅游目的地、建设生态文化美丽富强新鲁山的发展目标，文化旅游发展迎来新的重大战略机遇。尧山风景名胜区作为国家重点风景名胜区、国家AAAAA级旅游景区、国家级温泉旅游度假区，发展文化旅游有优势、有条件、有潜力，完全大有可为，也必须大有作为。为进一步挖掘尧山风景名胜区丰富的文化内涵，推进秀美自然景观与优秀传统文化深度融合，持续提升景区知名度、美誉度和影响力，引领带动市县文化旅游业高质量发展，特编写此书。

此书编写工作由平顶山市尧山风景名胜区管理局牵头实施。2021 年 9 月，市尧管局局长史晓天、副局长王建民开始研究谋划书籍主题定位、整体布局，组织启动编写工作。2022 年履新的副局长杨东玖也积极参与、予以指导。市尧管局专门设立办公室，安排专人协调服务，局宣传科、办公室等科室全力支持配合。其间，市尧管局又在全国范围内举办尧山历史文化资料征集活动，为编写工作提供坚实文学支撑。

编写过程中，执笔人员不畏严寒酷暑，不分双休、节假日，深入全县各地考察走访，多方查找资料，广泛参阅《鲁山县志》《中国民间故事全书·河南鲁山卷》《鲁山名胜奇观奇闻》《鲁山民间故事》《鲁山文史资料》《鲁山历史文化丛书》《大美鲁山》《鲁山览胜》《尧文化与尧山旅游论文集》《墨子里籍在鲁山》等诸多书目，深入挖掘整理尧山丰厚文化资源，去伪存真，去粗取精，夙兴夜寐，笔耕不辍。市尧管局全体班子成员亲自捉刀审阅修改，执笔人员数易其稿，终使本书付梓于世。

省、市各级领导、专家对编写工作给予关心指导和大力支持，河南省文联副主席、河南省摄影家协会会长刘鲁豫，平顶山市政协原副主席、平顶山市摄影家协会名誉主席张柳松，平顶山市政协原副主席、平顶山市炎黄文化研究会名誉会长潘民中，平顶山市政府秘书长李会良，平顶山市文化广电和旅游局局长徐渊，平顶山市林业局局长王卫锋，鲁山县政协副主席邢春瑜等领导同志，多次通过不同方式对本书编写提出宝贵意见、给予指导帮助。刘鲁豫、张柳松还提供了多年来保存的大量尧山风光摄影佳作。

本书得到鲁山县林业局、文化广电旅游局、自然资源局、气象局等县直部门和尧山镇、赵村镇、下汤镇、库区乡、四棵树乡等乡镇的全力配合支持，鲁山县摄影家协会及广大摄影爱好者的热心参与帮助。社会各界人士对本书出版所提供的支持无法一一具名，在此一并表示真诚感谢！

本书共分五章十九节，分专题集中展示尧山独特的自然风貌、悠久的历史文化、古老的神奇传说、丰饶的特产美食、多彩的游玩娱乐，坚持以全新的视野审视尧山，从文化的角度解读尧山，用平实的语言描绘尧山，致力打造自然景观与人文景观水乳交融、相得益彰，集科普性、故事性、文学性、趣味性于一体的文化旅游精品书籍。愿广大读者从本书收获的不仅是精神的愉悦，还有文化的熏染、情感的碰撞，也希望通过本书为中华优秀传统文化的传播发扬尽一点绵薄之力。

因编撰力量和水平有限，书中难免遗漏和不当之处，敬请有关专家和广大游客朋友批评指正。

本书编委会